스무 살 여자라면, 그녀들처럼

꿈을 이룬 그녀들의 10가지 키워드

스무살여자라면, 그녀들처럼

꿈이 있는
20대는
방황하지 않는다!
권나영 지음

팬덤북스

스무 살을 고민하는
그대들에게

스무 살을 앞둔 나는
하고 싶은 것도 많고
보고 싶은 것도 많고
알고 싶은 것도 많고
만나고 싶은 사람도 많은
호기심 많고 도전 정신이 넘치는 소녀였다.
그러나
막상 스무 살이 됐을 때는,
그동안 해 보고 싶었던 것들을 시도할 수 없었다.
어디서부터 무엇을 어떻게 시작해야 할지 몰라 막막하기만 했다.

중·고등학교 시절,
매일 정해진 시간표대로 움직이기만 했지

혼자 힘으로 새로운 것을 시도해 본 적이 없었기에
어쩌면 그런 막막함이 당연했는지도 모른다.

스무 살이 되자
갑자기 늘어난 자유 시간이 기쁘면서도
어떻게 써야 할지 몰라 주춤했고
간섭과 구속에서 벗어나 좋으면서도
한편으로는 자신이 없었다.
내 자신을 감당하기가 어려웠다.
무엇을 해야 할지 몰라 앞으로 한발자국도 내딛기가 어려웠다.

그런 고민은 이 책을 쓰게 된 계기가 되었다.
가만히 있어도 반짝반짝 빛이 나는 소중한 20대를 어떻게 보내야 할지 고민하던 나는 나보다 먼저 스무 살을 경험하고 각 분야에서 성공을 거둔 이들을 찾아다니며 그들의 삶을 직간접적으로 보고 배웠다.

비록 그들의 경험과 시행착오가 내 것이 될 수는 없었지만, 그들을 통해 삶을 이루는 다양한 요소에 대해서 깨닫게 되었다.

스무 살이 되면
지긋지긋하게 입던 '교복'도 없고
무겁게 들고 다니던 '교과서'도 없고
목이 쉬어라 공부 잔소리를 하시던 '선생님'도 없다.
정해진 과목도, 시간표도 없다.

오직 자신의 '경험'이라는 과목에 기초하여 삶의 '시간표'를 새로

짜야 한다. 온전히 자신의 힘으로 말이다.

《스무 살 여자라면, 그녀들처럼》에는 자신의 꿈을 향해 스스로 지도를 펴고 한 걸음 한 걸음 내디딘 당찬 여성들의 이야기가 담겨 있다. 이 책은 그녀들이 어떻게 자신만의 과목으로 시간표를 짰는지에 대한 기록이다.

그녀들이 어떤 노력으로 지금의 자리에 서게 되었는지 알게 된다면 우리 역시 지금 이 순간을 보다 멋지고, 시간이 지나 되돌아봤을 때 후회하지 않을 인생의 페이지로 장식할 수 있을 것이라 확신한다.

지금, 이 순간 스무 살의 문턱에 선 당신에게 이 책을 바친다.

2014. 가을
권나영

contents

 스무 살을 고민하는 그대들에게 • 4

무엇이든 하면 됩니다.
'하면 된다'라는 것에 대해 조금이라도 의심하지 마세요 • 13
김소희의 '자신감'

새로운 도전을 허락하는 순간, 기회의 문이 열립니다 • 39
이소은의 '호기심'

여행 한 번, 책 한 권이 인생을 바꿀 수 있어요 • 61
손미나의 '용기'

기회는 가만히 앉아서 기다리는 것이 아니라,
찾아 나서는 것입니다 • 89
김주하의 '적극성'

중요한 것은 할 수 있다는 믿음을 갖고, 한 번 더 도전해 보는 것이다 • 109
김연아의 '노력'

06
장애는 불가능이 아니라 불편함일 뿐입니다 • 131
이지영의 '인내'

07
세상이 정해 놓은 길이 아닌, 가슴이 뛰는 길을 찾아 개척하라 • 157
한비야의 '모험'

08
꿈을 향한 열정은,
우리의 삶을 비극에서 희극으로 반전시킨다 • 179
김수영의 '열정'

세상에 '오기와 끈기'로 이루지 못할 일은 없다 • 205
손빈희의 '끈기'

아무것도 없던 삼류 인생을 바꾼 것은 '독기'였다 • 227
유수연의 '독기'

김소희

김소희, 그녀는 고등학교 2학년 때 패션 디자이너가 되기 위해 오스트리아 비엔나로 유학을 떠났다. 우수한 성적으로 학교를 졸업하고 디자이너가 되었지만, 디자이너의 삶이 겉으로 보이는 것만큼 화려하지 않음을 깨닫고 그만두게 된다. 그러면서 자신이 가장 잘할 수 있는 일을 고민하게 되었는데 그때 '음식 장사를 하면 굶지는 않는다'라는 어머니의 조언이 떠올랐다. 그녀는 하루아침에 패션에서 요리로 업종을 바꾸며 하룻강아지 범 무서운 줄 모르고 낯선 땅 비엔나에 식당 문을 열었다.

요리에 전문 지식이 없던 그녀는 고용한 주방장에게 의견을 무시당하며 질질 끌려 다니기 일쑤였고 오스트리아 현지인들과 동업했다가 1년 만에 파산하는 실패의 쓴 맛을 보기도 했다. 그럼에도 그녀는 포기하지 않았다. 전 세계의 유명한 레스토랑을 찾아다니며 음식과 경영 철학을 연구했다. '하면 된다! 할 수 있다!'라는 마음으로 연구와 도전을 이어 나간 끝에 그녀는 한국의 맛을 유럽 요리에 접목시키는 데 성공한다. 육류 섭취가 많은 유럽 사람들에게 한식을 접목한 채식 식당은 실로 반응이 뜨거웠다. 이제 그녀의 식당은 3개월 전에 예약해야만 맛볼 수 있는 오스트리아의 명소가 되었다.

거듭되는 실패와 장애물 앞에 '왜 나만 이럴까' '역시 나는 안 돼'라며 절망하고 포기한적 있다면 그녀의 이야기를 들려주고 싶다. '하면 된다!'라는 믿음으로 꿈을 이룬 그녀의 이야기를.

스무 살
여자라면
그녀들처럼

:김소희 요리연구가

오스트리아 '킴 코호트' 레스토랑 대표

2012년 요리 서바이벌 프로그램 〈마스터 셰프 코리아〉 심사 위원
2007년 고어만드 월드쿡북어워드 세계 최고의 아시아 요리책 선정
2006년 알 라 카르테 선정 외국 요리 부문 최고상

《Die asiatische Kuche(아시아 요리)》
《Das Beste aus Asiens Kuchen(아시아 요리의 정수)》
《Heilsame Nahrung(효험 양분)》
《Kim Kocht(킴 코호트)》

01

무엇이든 하면 됩니다.
'하면 된다'라는 것에 대해
조금이라도 의심하지 마세요

김소희의 '자신감'

"이번 겨울방학에 스키장에 놀러가서 느낀 것이 크게 두 가지가 있어요. 태어나서 처음으로 스키를 타 봤는데 생각보다 제가 잘 타더라고요. 그때 느꼈죠. '나한테도 이런 숨겨진 재능이 있었나?'. 두 번째는 '할 수 있다'라는 긍정의 힘이에요. 자신을 향한 믿음이야말로 그 어떤 응원보다 더 힘이 세다는 것을 깨달았죠." (권지현, 22세)

지현이는 대학생이 되어 친구들과 처음으로 떠난 스키 여행에서 자신감을 맛보고 한껏 들떠 있었다.

"처음에는 스키를 신고 리프트까지 가는 것도 마음대로 되지 않아 속상했어요. 다른 애들은 앞으로 나가는데 저만 뒤처졌어요. 몸은 앞을 향해 움직이고 있는데 제자리를 벗어나지 못했어요. 애꿎은 눈만 발로 차며 속상해 하고 있는데 제법 스키를 탈 줄 아는 친구가 다가오더니 옆의 친구에게 한마디 하더라고요.

'하는 거 보니까 넌 금방 잘 탈 수 있겠다! 조금만 더 힘내!'

그러더니 저한테는 한마디도 안 하는 거예요. 어느새 친구들은 점점 멀어졌고 나중에는 친구들 목소리조차 잘 들리지 않았어요. 너무 속상해서 '내가 왜 스키장에 와서 이런 고생을 하지?'라는 생각이 들더라고요. 집에 가고 싶은 마음이 굴뚝같았어요. 그런데 그때, 가만히 생각해 보니 친구가 지나가는 말로 했던 말이 어딘지 모르게 얄밉게 느껴졌어요.

'남이 해 주지 않으면 내가 나를 응원하면 되잖아!'라는 생각도 들어서 저도 모르게 오기가 생겼어요. '비록 내가 스키 타는 방법은 모르지만, 열심히 배워서 오늘 안에 내가 더 잘 타는 모습을 보여 주고 말겠어'라는 생각이 들었어요. 그러면서 머릿속으로는 계속 주문을 걸었어요. '나는 잘할 수 있다. 나는 할 수 있다.'

그렇게 속으로 계속 되뇌면서 걷다 보니 어느새 리프트 앞에까지 오게 되었더라고요. 자신을 다독이면서 열심히 탔더니 나중에는 다른 친구들이 처음 타는 것이 맞느냐고 물을 정도로 제가 잘 타고 있더라고요."

처음 스키를 배울 때는 많이 넘어지고 쓰러진다. 발의 위치는 어떻게 하고, 자세는 어떻게 잡고, 어떤 발가락에 힘을 줘야 하는지 모르기 때문이다. 이런 과정은 스키를 배우는데 있어서 크든 작든 좌절감으로 다가오기 마련이다. 보통은 넘어질 때마다 자신감을 잃기 쉬운데 지현이는 달랐다.

자신이 잘 타는 모습을 친구들에게, 자신에게 보여 주고 싶은 의지가 강했다. 누구보다 자신이 잘할 수 있을 것이라 믿었던 지현이는 스스로를 격려하며 보기 좋게 해냈다.

자신감은 밖에서 찾을 수 있는 것도, 다른 사람이 대신 찾아 보태 줄 수 있는 것도 아니다. 자신감은 자기 안으로부터 나오는 것이다. 스스로가 얼마나 자신을 믿고 의지하느냐에 따라 자신감의 깊이가 달라진다. 자신감의 힘으로 새로운 도전에 성공한 지현이에게 앞으로 만나게 될 수많은 도전 역시 그렇게 믿고 나아가면 된다고 말해 주고 싶었다. 그래서 나는 김소희 셰프의 이야기를 들려주기로 했다.

다른 사람에게 보이는 삶이 아닌
자신을 위한 삶을 살아야 후회하지 않는다

고등학교 1학년 때였다. 그녀는 오드리 햅번 주연의 영화 〈티파니에서 아침을〉보고 여자의 행복에 대한 환상을 키우며 외국 생활에 대한 동경으로 유학을 결심하게 된다. 당시 그녀의 집은 경제적으로도 어려웠고 보수적인 어머니가 그녀의 유학을 반대하고 나섰다. 4살 때 아버지를 여의고 무남독녀 외동딸로 자라온 그녀는 어릴 때부터 집안의 크고 작은 보수를 도맡아 처리하는 든든한 딸이었다. 어머니에게 그녀는 딸이자 남편이었고 의지가 되는 친구 같은 존재였다. 그래서 더욱이 그녀를 곁에 두고 싶어 하셨다. 그녀는 어머니가 유학을 반대하고 나서자 철없는 반항을 시작했다. 성적이 하루아침에 전교 1등에서 꼴찌로 곤두박질쳤고 어머니는 하는 수없이 그녀의 유학을 허락하게 되었다.

그녀는 패션 디자이너의 꿈을 안고 고등학교 2학년 때 오스트리아로 떠났다. 디자이너를 꿈꾸며 비엔나의 패션학교 Modeschule Herbststraβe에서 의상 디자인을 공부했다. 우수한 성적으로 졸업한 후, 7년간 의상 디자이너로 일하며 자신만의 컬렉션을 주최하는 등 디자이너로서 성공한 삶을 사는 듯 했는데 문제는 삶의 방식이었다.

우리가 흔히 '패션 피플'이라고 부르는 이들의 자유분방한 삶의 방식과 그녀가 가진 삶의 방식은 달라도 너무 달랐다. 오랫동안 꿈꿔 온 길이었지만, 흥미를 잃는 것은 순식간이었다. 그녀가 동경한 삶은 겉만 화려했을 뿐 실제 그 안은 화려함과는 거리가 멀었다. 유럽 패션계는 술과 담배, 마약이 난무했고 이것들을 하지 않으면 작은 정보조차 얻기 힘든 분위기였다.

처음에 그녀는 '열심히 일하는 사람은 성공한다'라는 어거니의 가르침을 되새기며 참고 열심히 노력했다. 그럼에도 술, 담배를 못하기에 그들과 어울릴 수 없었다. 열심히 하지 않은 것이 아니기에 그녀는 더욱 절망했다. 그녀는 자신의 꿈도 중요했지만, 어머니가 눈에 밟혀 나쁜 짓을 하면서까지 패션 공부를 할 엄두가 나지 않았다.

결국, 그녀는 패션계에서 물에 기름 뜨듯이 빙빙 겉돌았다. 대마초를 권유하는 이들에게 3-4번 'No'라고 거절하니 그 다음부터는 정보 공유에서 제외되었다. 다음에 무슨 파티가 있는지, 어떤 패션쇼가 있고 일정은 언제이며 주제가 무엇인지 등의 정보를 얻을 수 없게 되었다. 그녀는 곰곰이 생각했다. 지금의 생활을 견뎌서 성공한 디자이너가 된다고 해도 30년 뒤에도 그런 모습이기는 싫었다. 결국, 그녀 안에서는 디자이너를 그만두어야겠다는 답이 나왔다.

"다른 사람이 만든 기준에 맞춰 살지 말고 스스로 원하는 것, 행복할 수 있는 것을 하세요. 그 말을 꼭 해 주고 싶어요.

저 같은 경우에도 만약 그때 요리를 시작하지 않고 패션을 했다면 어땠을까 싶어요. 보기에는 화려하고 당장은 성공한 것 같았겠지만, 지금처럼 행복하지는 않았을 것입니다.

그 시절에 비엔나로 패션 유학까지 다녀와서 국내에서 최고로 알아주는 패션 업계에 취업해 승승장구 할 수 있는 사람이 갑자기 칼을 잡고 연어를 손질하고 국수를 삶겠다고 했을 때, 사람들은 수군거렸죠. 하지만 저는 남의 시선은 의식하지 않았어요. 내가 행복한 것, 내가 즐거운 일을 하는 것이 인생의 진정한 승자라고 생각했고 그 믿음은 적중했습니다. 여러분도 다른 사람에게 보여지는 삶이 아닌, 스스로를 위한 삶을 살아야 후회하지 않습니다."

– 인터뷰 중에서

그녀는 자신의 삶을 다른 사람들의 시선 때문에 포기하기 싫었다. 남들과 비교해서 부족해 보이거나 조금은 늦더라도 진짜 자신이 행복할 수 있는 삶을 사는 것이 맞다고 생각했다.

우리는 참으로 많이 타인의 시선을 의식하며 살아간다. 자신이 타인에게 어떻게 보이는지 궁금해하고 걱정한다. 사실 타인의 눈과 기준에 맞추어 살 수도 없고 그럴 필요도 없다. 어차피 나는 나이고, 내 삶을 사는 것은 남이 아닌 나 자신이기 때문이다.

내가 바라는 나의 모습은 타인의 눈에 있지 않다. 인생을 사는 데 다른 사람이 정한 기준만 따르고 다른 사람의 눈에 보기 좋게만 살아서는 안 된다. 삶의 기준은 자기 스스로 정해야 행복할 수 있고, 그래야 후회를 줄인다. '하얀 접시 위에 자신만의 메시지를 담아낼 때 가장 신나고 행복하다'라고 말하는 김소희, 그녀처럼 말이다.

연습만이
대가를 만들 수 있다

산과 길에는 멀리 돌지 않고 가깝게 질러가는 지름길이 있지만 실력은 그렇지 않다. 하루아침에 갑자기 실력이 상승되는 비법이나 마술은 없다. 묵묵하고 꾸준한 연습만이 대가를 만들 수 있다. 아무리 돈이 많고 인맥이 뛰어난 사람이라고 해도 연습으로 이룰 수 있는 실력 앞에는 무력하다.

패션계에서는 인정받던 그녀였지만, 요리라는 새로운 분야에서 그녀는 다시 초보였다. 그녀의 새로운 출발 앞에는 어떠한 지름길도 존재하지 않았다. 하나부터 열까지 꾸준하고 치열한 연습이 필요했다.

그녀는 디자이너를 그만두고 뭘 할지, 자신이 가장 잘할 수 있는 일이 무엇일지 고민했다. 그러다 어머니의 말씀이 떠올랐다. 자갈

치 시장에서 식당을 운영하시며 홀로 그녀를 뒷바라지한 어머니는 입버릇처럼 말씀하셨다.

"일은 어렵지만, 여자 혼자 먹고 살려면 식당이 최고다. 사람들은 좋은 일이 있으면 기뻐서 먹고 슬픈 일이 있으면 힘내려고 먹는다. 우리 집이 가난했지만, 내가 밥장사를 했으니 굶지는 않았다."

디자인 빼고는 할 수 있는 것이 없던 그녀였지만, 동네 수선집에 나가자니 배운 것이 아까웠고 자존심이 허락하지 않았다.

'그래, 식당을 하자. 엄마 말대로 밥장사나 하자. 어깨너머로 요리하는 것도 좀 봤고 밥하는 것이 뭐 어렵겠어?'

서른의 김소희는 먹고살기 위해 식당을 시작하기로 결심했다.

그녀는 일식집 창업에 나섰다. 그동안 번 수입에 은행에서 대출을 받아 자금을 마련했다. 실내 디자인도 직접했다. 한국에서 일식 요리사를 스카우트해 오스트리아로 초빙해 갔다. 한국에서 초빙해 간 일식 요리사에게 일체 주방을 맡기고 그녀는 서빙과 운영만 맡았다.

하지만 그녀의 마음처럼 모든 일이 순조롭고 쉽게 운영되지만은 않았다. 주인이 일식에 대해서 잘 모르고 식당 운영 경험이 없다 보니 요리사가 음식을 대충했으며 손님들에게도 불성실했다. 그러다 보니 가게에는 파리만 날렸고 가끔 손님이 찾아와도 몇 숟가락 뜨지 못하고 수저를 내려놓기 일쑤였다.

눈이 많이 오던 추운 겨울 날이었다. 손님이 소면을 주문했는데 주방에서는 형편없는 요리가 나왔다. 육수는 미지근했고, 면은 차갑고 퉁퉁 불어 면과 육수가 따로 놀았다. 요리를 모르던 그녀의 눈에도 '이것은 아니다'라는 생각이 들었다. 요리사에게 의견을 말했더니 돌아오는 것은 요리에 대해 무엇을 아느냐는 핀잔뿐이었다.

그렇게 음식은 손님상에 나갔고 손님은 딱 두 젓가락 맛본 후에 계산을 요구했다. 손님상에 나가기 부족하다는 것을 알면서도 음식을 내놓고 돈을 받았다는 죄책감이 그녀를 힘들게 했다. 그 이후로도 계속되는 요리사의 독재에 그녀는 깨달았다.

'사람을 두든 두지 않든 분명한 것은 내가 요리를 할 줄 알아야 해. 내가 할 줄 알아야 잘못됐을 때 따끔하게 지적도 하고 바로잡을 수 있어. 그래! 내가 요리를 하자. 못 하는 독일어도 했는데 회는 못 뜨겠나?'

그녀는 요리사를 한국으로 돌려보냈고 혼자 힘으로 식당을 운영하기로 결심했다. 하루빨리 식당을 일으켜야 했던 그녀에게는 시간과 돈이 부족했다. 식당은 늘 적자 상태였기에 요리 학원에 가서 수업을 받을 경제적 여건이 되지 않았다. 결국, 그녀는 한달 동안 식당 문을 닫고 요리를 독학하기 시작했다.

생선을 잡아 본 적도 없고 심지어 계란 프라이도 한 번 해 본 적 없는 그녀가 머리부터 꼬리까지 7-8킬로그램이나 되는 연어를 50마리나 주문해 죽기 아니면 까무러치기로 썰고 또 썰었다. 처음에는 미끄러운 연어를 도마 위에 올리지 못해 떨어뜨리기를 반복했다. 칼을 어떻게 잡는지 몰라 회를 뜨기 보다는 뭉텅이로 썰었다. 그렇게 하루 17시간씩 4주간 회를 뜬 끝에 감을 잡았다.

자신감을 얻은 그녀는 회를 뜨기 시작한지 한 달 만에 식당 영업을 시작했다. 칼질이 제법 손에 익은 후에는 요리 학교에 등록해 정식으로 조리사 자격증을 따고 다양한 재료를 활용해 퓨전 음식 조리 노하우를 익혔다.

그러다 보니 그녀는 어느 덧 '오스트리아 최초의 여성 스시 요리사'라는 수식어를 달게 됐다. 손님들을 위해 다양한 메뉴를 개발하고 가장 자신 있는 음식을 덤으로 주자 영업을 재개한지 두 달 만에 일주일치 예약이 다 차는 성과를 이루었다.

요리의 '요'자도 몰랐던 그녀가 성공할 수 있었던 것은 피나는 연습 덕분이었다. 연습은 기적을 만든다. 타고난 재능보다는 우직하게 연습하는 사람이 기적을 만날 확률이 더 높다. 혹독한 단련이 있어야 비로소 성장한다. 승리를 기대할 수 있다. 원하는 것이 있고 무언가를 이루고 싶다면 연습과 친해져야 한다.

"연습이 없으면 안 된다. 내가 원하는 삶을 살기 위해서는 끈기를 갖고 어금니를 꽉 깨물어야 한다. 연봉과 실력은 가만히 앉아 있으면 늘지 않는다. 항상 내가 가진 길과 꿈에 대해 끊임없는 액션을 취해야 한다."

– 인터뷰 중에서

시도하는 사람만이
성공에 가까워 질 수 있다

Q. A는 2개의 동전, B는 3개의 동전을 가지고 있다. 이들이 각각 던졌을 때 앞면이 많이 나온 사람이 이기는 것으로 한다. 이 때 A가 이길 확률은?

(※ 단, 앞면의 숫자가 같거나 둘 다 모두 뒷면이 나올 경우는 비기는 것으로 한다.)

A. A가 이길 확률은 A가 둘 다 앞면이고, B는 한 개만 앞면이거나 전부 뒷면일 때와 A가 던지는 동전 두 개 중 한 개가 앞면이고 B는 전부 뒷면일 때이다.

∴ A가 던지는 동전이 둘 다 앞면인 경우는 1, B가 던지는 동전이 1개만 앞면인 경우는 3.

A가 던지는 동전 두 개 중 한 개가 앞면인 경우는 2, B가 던지는 동전이 전부 뒷면인 경우는 1.

⇒ 3×2/4×8=6/32(=3/16)

위의 문제는 확률을 묻는 수학 문제이다. 이렇게 수학적 확률을 구하고 따질 수 있는 문제도 있지만, 구할 수 없는 것도 있다. 바로 우리의 꿈이다.

Q. 꿈으로 가는 길에 우리가 성공할 확률은?
A. 끊임없이 도전하고 시도하는 것. 실패해도 다시 도전 하는 것.

앞의 수학 문제에서 A가 이길 확률을 구하려면 A가 이길 수 있는 모든 경우의 수를 알아야 한다. 그렇다면 두 번째 문제는 어떨까? 꿈에 한 걸음 더 다가가기 위해서는 도전과 시도를 통해 성공할 수 있는 경우의 수를 높여야 한다. 그 과정에서 실패가 있다면 성공하기 위해 다시 도전하고 시도해야 한다. 시도하지 않는 것은 가장 큰 실패다. 시도하는 사람만이 성공에 가까워질 수 있다.

김소희 그녀도 꿈을 이루기 위해 수많은 도전과 실패를 반복했다. 문을 연지 3년쯤 지나 일식집이 자리를 잡아 나갈 때였다. 그녀의 눈에 1인 가구가 늘어가는 빈의 변화가 들어왔다. 싱글 가구가 늘어나는 것은 사회적 이슈였고 그녀에게는 새로운 도전의 기회가 되었다.

그때 그녀의 머리에 포장 도시락이 스쳤다. 즉시 한국에서 포장 도시락을 주문해 일식 도시락 샘플을 만들었고 이것을 들고 빈의 유명 마트 매니저를 찾아갔다. 한국과 달리 일식 도시락이 없는 비엔나에서 도시락 용기를 푸짐하게 채운 음식은 바깥으로 샐 염려가 없어 뜨거운 호응을 받았고 그때부터 마켓에 초밥 도시락을 납품하기 시작했다.

그녀의 사업 성과가 입소문이 나자 컨설팅 의뢰가 들어왔다. 자신감을 회복한 그녀는 자리 잡은 1호점을 팔고 오스트리아 현지 사업가들과 동업을 시도했다. 8개월 동안 신중하게 준비했지만, 너무 앞선 컨셉으로 정확히 2달 만에 파산의 쓴 맛을 보았다. 그동안 모은 재산을 모두 잃었고 밥을 사 먹을 돈이 없어 이전에 팔았던 레스토랑에 가 구걸하다시피 해서 끼니를 해결했다.

그녀는 돈을 잃은 것도 속상했지만, 무엇보다 자신이 실패했다는 것 때문에 자존심이 상했다. 처음 맛본 굴욕감에 좌절하고 다시는 일어설 수 없을 것 같았지만, 이대로 포기하고 무너질 수는 없었다.

그러던 어느 날 재기의 발판을 마련하기 위해 일감을 찾고 있던 그녀에게 기회가 찾아왔다. 유기농 매장을 운영하는 친구가 연락을 해 온 것이다. 그녀의 능력을 일찌감치 알아본 친구는 자신의 매장에서 일해 달라고 부탁했다. 그녀는 마트를 일주일간 지켜본 뒤 친구에게 협상을 제안했다.

"너, 카트 하나의 주인이 될래? 마트 체인점의 CEO가 될래?"

이틀 뒤, CEO가 되고 싶다는 친구에게 자신에게 마트 관리를 맡겨 달라고 했다.

그날 이후, 그녀는 훗날의 재기를 생각하며 악착같이 일했다. 새벽 5시면 매장에 나와서 채소 받는 일부터 진열하는 법, 위생 관리, 서비스 직원 관리 등 하나부터 열까지 마트 내 모든 문제점을 분석했다.

손님의 주요 움직임에 따라 상품 진열 및 동선을 재정비했다. 시스템을 재정비하는데 부족한 자금은 납품 업체들을 설득해서 매장에 투자하도록 했다. 그녀는 하루에 서너 시간만 자고 그 외의 모든 시간은 매장에서 보내며 일에만 매달렸다.

그 결과 매장은 하루가 다르게 다듬어졌고 6개월이 지나면서 소비자의 반응과 믿음은 탄탄해졌다. 매출 역시 수직 상승했다. 그녀는 마트의 입지와 매출을 높임으로써 지난날 사업 실패로 상한 자존심을 복구하며 자신의 가치를 높였다.

세계적인 자동차 부품 회사 델코의 창립자 찰스 케터링의 말이다. "시도하고 또 시도하고 실패하는 것은 문제가 되지 않는다. 정말 문제가 되는 것은 실패하고 나서 다시 시도하지 않는 것이다."

우리의 삶은 실험실과 같다. 우리는 그 안에서 다양한 실험을 하며 실패할 수 있다. 그럼에도 실패를 통해 배우는 것이 분명 있다. 만약 한 번의 실패로 실험을 끝낸다면 그것은 영영 실패로 남는다. 실험을 재개하지 않는 한 성공할 수 없다. 실패해도 다시 시도하는 사람만이 결과를 확인할 수 있다. 실패에서 배움을 얻는다. 우리는 실패를 통해 성공으로 가는 길의 힌트를 얻고 오답을 지울 수 있다.

시도하지 않으면 변화는 없다. 끊임없이 도전하고 시도하는 것, 실패해도 도전하는 것이야말로 우리가 꿈을 이루고 그 꿈에 다가갈 수 있는 방법이다.

> "삶이 어렵다는 생각이 들면 방법을 찾아야 해요. 저는 그럴 때마다 산에 올랐어요. 그러면 인생의 고민이 사치처럼 느껴졌어요. '못 살겠다' '더워 죽겠다' '추워 죽겠다' '이렇게 살아야 하나 말아야 하나'라는 생각도 산을 타다 보면 어느새 사라집니다. 오직 제 다리와 손에 맞춰서 올라가야 하니까요. 올라가다 보면 '아이고, 힘들어 내려가야지' 하다가도 올라온 길을 보면 '아이고, 못 내려간다. 내려갈 수도 없다' 그렇게 됩니다. 죽기 아니면 까무러치기로 앞만 보고 가세요. 앞만! 됩니다! 인간은 노력해서 안 되는 것이 없어요."
>
> — 인터뷰 중에서

한 번 뿐인 인생,
한 가지는 이뤄 봐야 되지 않겠어?

마트의 성장으로 재기에 성공한 어느 날 한국에서 연락이 왔다. 어머니께서 암에 걸리셨는데 남은 시간이 길어야 6개월이라고 했다. 항상 믿음을 주고 미래를 가르쳐 준 스승과 같은 어머니의 투병 소식에 그녀는 하늘이 무너진 것 같았다. 한국에 들어온 그녀는 두 달 동안 어머니의 병간호에만 매달려 지냈다. 그런 그녀의 정성에도 어머니는 점점 야위셨고 그런 어머니를 지켜보는 그녀의 마음 역시 너무나 아팠다.

그렇게 어머니의 병간호를 하던 어느 날이었다. 평소와는 달리 어머니께서 혼자 목욕도 말끔하게 하시고 식사도 잘하시며 말씀도 곧잘 하셨다. 그런 어머니를 보며 그녀는 조금씩 호전되는 것이라고 믿었다. 한결 좋아진 어머니의 모습에 안심이 된 그녀는 급히 오느라 미처 처리하지 못한 일을 정리하러 빈에 가기 위해 비행기에 올랐다.

급한 일만 정리하고 얼른 돌아오겠다는 생각에 어머니가 주무시는 사이에 비행기를 탔는데 빈에 도착한지 4시간 만에 그녀는 어머니가 돌아가셨다는 연락을 받았다. 떠나기 전, 자신이 본 어머니의 모습은 호전의 기미가 아닌 본인의 마지막을 예감하고 준비하는 모습이었을 것이란 생각이 들자 그녀는 가슴이 미어지고 너무나도 암담했다.

그녀는 어머니의 죽음 앞에서 인생의 허망함과 무상함을 느꼈다. 마지막 순간까지 자식 하나만을 위해 아등바등 살아오신 어머니였지만, 돌아가실 때는 아무것도 가져가시지 못했다. 유일했던 가족인 어머니의 부재는 그녀에게서 희망과 절실함을 빼앗아 갔다.

그러던 어느 날, 절망과 외로움 속에서 괴로워하던 그녀는 문득 생각했다.

'내가 이대로 무너져 버리면 하늘에 계시는 엄마는 나보다 더 아파하실 거야.'

'그래, 한 번뿐인 인생, 죽기 전에 꼭 한 가지는 이뤄 보자. 그리고 언젠가 웃는 얼굴로, 자랑스러운 딸로 엄마를 다시 만나자.'

굳은 다짐 끝에 그녀는 초심으로 돌아가 다시 식당을 열었다. 이후 자신이 가장 잘할 수 있고 자신 있는 한식을 자기만의 방식으로 개발하고 연구했다. 소스 개발을 위해 다른 나라의 소스를 30개씩 사서 맛보고 비교하며 연구했다. 소스에 버터와 크림이 얼마나 많이 들어가 있던지 느끼해서 먹고 토하기를 반복했다. 살기 위해 먹는 것이 음식인데 그 음식을 먹다가는 곧 죽을 것 같았다.

주중에는 식당을 운영하고 쉬는 날에는 소문난 레스토랑에 찾아가 맛있다는 음식은 무조건 먹어 보고 비법을 연구했다. 보통 5-6코스, 7-9코스로 나오는 요리를 점심으로 먹었다. 오후에는 책방에 가서 세계 각국의 요리책을 펼쳐 놓고 공부했다. 이후 저녁에 다시 레스토랑에 찾아가 9코스를 소화하며 요리를 연구했다. 처음에는 맛있었고 이틀째도 나름 괜찮았지만, 그 이후부터는 도저히 음식을 삼킬 수 없었다. 배는 부른데 느끼하고 소화가 되지 않았다. 한 끼에 300유로(한화로 약 45만 원)나 되는 비싼 음식을 먹고 토하기를 반복하며 음식에 대해 연구했다.

간혹 그녀는 물불 가리지 않는 열정으로 '이렇게 맛있는 음식은 처음이에요. 부엌을 한번 구경해 봐도 될까요?'라며 한창 바쁠 시간에 주방을 급습하기도 했다. 주방은 외부인의 출입을 철저히 금하지만, 아시아 여자에다가 마른 체형의 그녀에게서 셰프의 풍채를 찾아볼 수 없었기에 그들은 순순히 그녀의 출입을 허락했다. 그러면 그녀는 재빠르게 주방을 살핀 뒤 자리로 돌아와 자신이 본 것을 하나도 빠짐없이 기록했다. 그런 생활을 6개월 동안 하다 보니 어떻게 하면 되겠다는 느낌이 왔다.

육식 위주의 식단에 길들여진 유럽 사람들이 입맛 중간 중간에 자기만의 건강식을 빼고 더하면서 김소희만의 요리를 창조했다. 이러한 노력 끝에 결국 그녀는 유럽인의 입맛을 사로잡은 자신의 요리를 만들어 낸다.

그녀의 요리에는 한국의 맛과 건강을 생각하는 마음이 담겨 있다. 육식 위주의 유럽식 식탁에 생선과 해산물, 채소 위주의 건강식이 더해진 데다가 다양한 색과 디자인이 결합되 있으니 업계에서는 그야말로 신세계라는 반응이었다.

그녀의 요리는 맛은 물론이고 건강과 영양면에서도 흠잡을 데가 없었다. 주로 쌈과 비빔밥 등 한식이 메인이었는데 현지인들의 입맛을 사로잡기에 충분했다. 한국 전통의 맛을 웰빙으로 승화시킨 그녀의 요리는 유럽인들의 입맛을 사로잡았다. 이제 그녀의 식당 '킴코흐트'는 3개월 전에 예약해야 들어갈 수 있는 오스트리아의 명소가 되었다.

'칼을 뽑았으면 무라도 베어야 한다'라는 말이 있다. 우리는 태어나면서 각자 자신만의 칼을 들고 나왔다. '이것은 이래서 안 되고' '그것은 이래서 두렵고'라는 이유로 이미 뽑아 버린 칼을 도로 넣어서는 안 될 것이다.

> "주저하지 말고 용기 내 도전하세요. 불가능 한 것은 없어요. 무엇이든 하면 됩니다. '하면 된다'라는 것에 대해 조금이라도 의심하지 마세요. 모든 일에 가장 큰 적은 자기 자신입니다."
>
> — 인터뷰 중에서

목표가 있는 자의 도전에
'늦은 때'는 없다

　우리는 평소 같으면 시간의 여유를 두고 걷거나 버스를 타고 이동할 거리를 약속 시간이 촉박해지면 기본요금을 지불하고서라도 택시를 잡아탄다. 시간적 여유가 없을 때 도보나 대중교통 대신 택시를 선택하는 데는 그만한 이유가 있다.

　택시에는 우리의 두 다리에 없는 가속페달이 있고 대중교통과는 달리 목적지가 하나이기 때문이다. 빨리 도착할 수 있다는 점이 비용을 감수하게 만든다.

　인생도 마찬가지다. 사람의 마음속에는 보이지 않는 가속페달이 존재한다. 마음속에 분명한 목표가 있고 그것을 이루려는 의지가 생길 때 페달에 시동이 걸린다. 목적지와 가야 하는 이유가 분명하다면 마음속의 가속페달은 목표에 이르도록 도와준다.

　김소희 그녀는 서른의 나이에 요리를 시작했다. 요리를 배운 적도 식당을 경영한 적도 없던 그녀였다. 그런 그녀가 자신의 꿈을 이룰 수 있었던 것은 목표가 분명하고 그녀 스스로 마음속의 가속페달을 작동시켰기 때문이다. 분명한 목적지와 달성 의지가 가속페달을 움직인 것이다.

　누구나 마음속에 보이지 않는 가속페달이 있다. 이것은 특별한 사람에게만 존재하는 것이 아니다. 분명한 목표와 꼭 해내야 한다는 절실함이 만날 때 그 기능이 발휘된다. 당신도 마찬가지다. 당신에게도 가속페달이 있다. 분명한 목표와 해내겠다는 의지가 있다면 페달은 작동할 것이다. 당신이 페달을 움직이게만 한다면 시작하기에 '늦은 때'는 없다.

> "안 늦어요. 언제라도 새로 시작하고 싶다면 용기 내고 바꾸세요. 도전하세요. 그게 스무 살이 건, 서른 살이 건, 육십이든 칠십이든 상관없어요. 요즘에는 저처럼 요리를 늦게 시작한 쉐프들도 많아요. 제일 중요한 것은 자기가 원해서 한 사람은 꼭 이룬다는 것. 처음부터 한 사람은 그 진가를 몰라요. 사랑이 빨리 식을 수가 있어요. 그렇지만 나중에 자기가 원해서 '그 길이 내 길이구나' 하는 사람은 빨리 성장할 수 있으니 힘내세요. 다만 돈을 쫓으면 어렵습니다."
>
> — 인터뷰 중에서

그녀의 '자신감'이 멋진 이유

"우와! '나는 할 수 있다!'라는 말……. 저는 그 말의 힘이 얼마나 대단한지 몰랐어요. 단지 저는 스키를 잘 타고 싶었고 그 모습을 친구들에게 보여 주고 싶다는 마음이 절실했을 뿐인데……. 사실 제게는 아무도 잘 탈 수 있다는 말을 안 해 주었거든요. 제가 뒤로 처지는데도 다들 앞으로만 걸어갔어요. 잘할 수 있다는 말을 해 주는 사람이 없는 것이 서운해서 그냥 제가 자신에게 한 말인데……. 그게 바로 자신감이었네요."

몸에 수분이 부족할 때 갈증을 느껴 물을 마시듯이 지현이는 자신에게 자신감의 에너지가 필요하다는 것을 알고 스스로 채운 것이다. 지현이는 경험을 통해 자신감의 힘과 위력을 깨닫고 무척이나 뿌듯해 했다.

살다 보면 외부의 상황이 우리를 위협하고 넘어뜨릴 때가 있다. 그 상황에 굴복하고 무너져 버리면 안 된다.

'나는 할 수 있다' '나는 해낼 수 있다'라는 마음에서 나오는 에너지와 자신에 대한 믿음을 잃어버리지 않는다면 나를 적으로 대하고 공격하던 요소들을 극복할 수 있다.

> "과거는 이미 지나간 것입니다. 미래는 내가 잡을 수 있어요. 과거는 흘려보내세요. 확실하게 내가 잡을 수 있는 것은 내가 꾸미기에 달려 있습니다. 자신이 원하는 대로 미래를 만드세요. 그리고 쟁취하세요."
>
> — 강연 중에서

끊임없이 반복되는 실패와 좌절에도 그녀는 자기 자신을 향해 '하면 된다! 할 수 있다!'라고 말했다. 그런 그녀를 보고 사람들은 밑도 끝도 없는 자신감이라고 생각했을지 모른다. 이제 우리는 안다. 도전, 실패, 좌절의 단계를 넘어 지금의 자리에 서기까지 자신감과 스스로에 대한 믿음이 그녀에게 끊임없 기회와 에너지를 만들어 주었다는 것을.

그녀가 우리에게 보여 준 자신감은 스스로를 위한 응원가이자 삶에 최선을 다하는 방법이기에 더없이 멋지고 훌륭하다.

불우 이웃을 돕는 방송 프로그램에 게스트로 참여했던 날이었다.
이소은이 찾은 곳은 할머니와 네 살 된 손녀딸이 살고 있는 한 시골집이었다.
아이의 부모는 아이만 맡겨 두고 떠난 후 아무런 소식이 없다고 했다. 몸이 불편하신 할머니께서 그녀의 손을 잡으시며 말씀하셨다.
"어린 것이 내가 죽고 나면 어떻게 되는지, 아가씨가 좀 도와주면 안 되나?"
손녀를 걱정하며 눈물을 보이신 할머니의 모습이 그녀의 가슴을 울렸다.
'지금 상태로는 이 분들께 실질적인 도움을 드리기가 어렵다.'
'일회성 봉사가 아닌 근본적인 해결책을 마련해 실질적인 도움을 드릴 수는 없을까?'
그녀는 고민 끝에 그 도움의 손길이 법이라고 생각했다.
이후 그녀는 마음속에 피어오르는 두근거림을 따라 법조계에 입문하기로 결심했다. 그동안 자신이 몸담았던 분야와 전혀 다른 것이라 어려운 점도 있었지만, 포기하지 않은 끝에 마침내 그녀는 변호사가 되었다.
'사람에게는 무한한 가능성이 있다'라는 말을 삶으로 증명해 보인 것이다. 새로운 일에 도전하고 싶었지만, 자신의 능력, 가능성에 대한 의심과 두려움으로 포기한 적이 있다면 그녀의 이야기를 들려주고 싶다. 자신의 무한한 가능성을 믿고 도전해 '불가능'을 '가능'으로 바꾼 그녀의 이야기를.

스무 살
여자라면,
그녀들처럼

:이소은 가수, 美변호사

국제상사중재모의재판대회 우수변론가상

노스웨스턴대학교 로스쿨 법학 박사
고려대학교 영어영문학 학사

《딴따라 소녀 로스쿨 가다》

2장의 본문에서 인용 출처 표기가 없는 내용은 《딴따라 소녀 로스쿨 가다》에서 부분 발췌한 것입니다.

새로운 도전을 허락하는 순간, 기회의 문이 열립니다

이소은의 '호기심'

> "오늘 학교에서 교양 과목 시간에 '인생 설계도' 만들기를 했는데 제 설계도 좀 한번 봐 주세요. 어때요? 정말 멋지죠?"
>
> (최승희, 20세)

올해 새내기 대학생이 된 스무 살 승희가 내민 종이에는 앞으로 살아갈 50년에 대한 계획이 빼곡하게 적혀 있었다. 어린 나이에 자신의 미래를 고민해 보고 구체적인 그림까지 그려 본 승희가 무척이나 기특하고 대견스러웠다. 자신의 미래를 꿈꾸고 구체적으로 계획하는 것은 아주 바람직한 행동이다. 그러면서도 한편으로는 이런 생각들이 앞으로 그녀에게 올 수 있는 기회를 제한하지는 않을까 하는 우려가 됐다. 우리 앞에는 아직 만나지 못한 수많은 경험들이 기다리고 있다. 미리 세운 계획 속에 자신을 묶어 두기 보다는 열린 생각과 관점을 유지하는 것도 중요하다.

우리는 낯선 지역을 여행할 때 어디를 갈지, 어떤 사람들과 함께 갈지, 그 사람들과 무엇을 할지를 계획하고 기대한다. 막상 여행에서 돌아오면 가장 기억에 남는 순간들은 의외로 뜻밖의 인연, 예상치 못했던 경험들인 경우가 많다. 우리는 예상 밖의 경험을 통해서 새로운 기회와 자기 자신을 발견하기도 한다. 나는 승희에게 많은 경험과 기회가 주어지기를 바라는 마음에서 가수에서 변호사가 된 이소은의 이야기를 들려주기로 했다.

가슴 속 두근거림은 새로운 기회에 대한 신호이다

이소은은 열일곱 살의 어린 나이에 가수로 데뷔했다. 그녀는 청초한 음색으로 대중에게 사랑받으며 가수로서의 입지를 굳혔다. 그러던 어느 날, 그녀가 어려운 이웃을 돕는 프로그램에 게스트로 출연하게 되었을 때였다. 그녀는 할머니와 네 살 된 손녀딸이 살고 있는 한 시골집을 방문했다. 아이의 부모님은 아이만 맡겨 두고 떠나서는 소식이 없다고 했다. 몸이 불편하신 할머니께서는 눈물을 보이시며 말씀하셨다.

"이 어린 것이 내가 죽고 나면 어떻게 되는지, 아가씨가 좀 도와주면 안 되나?"

아무것도 모르는 아이의 말간 얼굴이 그녀의 가슴을 울렸지만, 그녀가 당장 할 수 있는 일은 할머니의 손을 잡아드리고 아이의 등을 토닥여 주는 일밖에 없었다. 그녀는 공인으로서 자신이 하는 말과 행동이 갖는 영향력을 경험하면서 책임감을 느꼈다. 그럼에도 당장 할 수 있는 일이 없어 한계와 답답함을 느꼈다. 그녀는 마음속으로 '저런 안타까운 사연이 세상에 한 가지만 있는 것은 아닐 텐데……방송인으로서 일회성 모금 마련을 돕는 것도 좋지만, 기회가 주어진다면 근본적인 해결책을 마련하는 사람이 되고 싶다'라고 생각했다.

그녀는 한 방송 프로그램의 공개 토론에서 토론자로 참석하게 되었는데 그날의 주제가 모금 활동이었다. 각 분야의 교수진과 전문가들로 토론의 열기는 뜨거웠다. 평소 모금 활동에 대해 관심이 많은 그녀였지만 현재로서는 적극적으로 할 수 있는 일이 없음을 깨닫고 공부의 필요성을 느꼈다. 어려운 이웃들을 위한 정책 결정에 자신의 의견을 주장하고 긍정적인 결과물을 내고 싶다는 열망이 생겼다. 그녀는 현실 개선에 적극적으로 참여하기 위해서는 법을 공부하는 것도 하나의 방법이라고 생각했다.

이후 그녀는 신념을 현실로 옮길 힘을 얻기 위해 법을 공부하기로 결심했다. 그녀의 새로운 도전은 그렇게 시작되었고 스물여덟, 가수로서 활발하게 활동하던 중 돌연 로스쿨을 가겠다고 선언했다. 지금까지 이룬 것도 소중했지만, 하고 싶은 것이 있는데도 도전하지 않으면 두고두고 후회할 것 같았기 때문이다.

그녀의 첫걸음이 마냥 순조롭기만 했던 것은 아니다. 사랑하는 음악과 무대의 유혹을 뿌리치는 것은 아주 힘들었다. 마음을 잡고 공부하려고 하면 주변에서는 '변호사를 준비하는 이소은'이 아닌 '변호사가 되겠다는 가수 이소은'으로 예의 주시하며 바라봤다.

고민 끝에 그녀는 아무도 자신이 가수임을 알지 못하는 곳에 꽁꽁 숨어 공부만 하자고 다짐했다. 결심이 서자마자 그녀는 짐을 싸서 당시 언니가 살고 있던 미국으로 떠났다. 완벽하게 낯선 곳에서 그녀의 새로운 도전은 시작됐다.

도전은 외롭고 힘들었지만, 새로운 꿈을 위해 치열하게 노력했다. 로스쿨에 진학하기 위한 입학시험 LSAT Law School Admissions Test 과 에세이, 추천서 등을 준비하느라 2년을 보냈고, 노력 끝에 노스웨스턴대학교 외 3개의 로스쿨에 합격했다.

로스쿨 입학 후, 그녀는 백지에서 시작하는 마음으로 기본부터 다시 공부했다. 변론에서 쓰이는 동사 하나하나를 공부하고 바꿔

가면서 나올 수 있는 모든 질문을 작성해 답변하는 것을 반복했다. 반대의 입장에서 질문을 작성하고 거기에 대한 반박을 준비해서 연습하며 문서 어디에 적혀 있는 내용인지 다 외울 정도로 노력했다. 그녀는 3년 동안 새로운 분야에서 많은 실패와 좌절을 경험했지만, 자신과의 치열한 싸움 끝에 변호사가 되었다.

마음속에 잠들어 있는 열망은 두근거림으로 우리에게 신호를 보낸다. 이소은은 무대 위에서 음악을 할 때도, 로스쿨을 선택할 때도 자신의 마음이 보내는 신호를 외면하지 않았다. 자신의 므대와 그동안 이루어 놓은 것을 포기하고 새로움에 도전하기란 쉽지 않다. 그럼에도 그녀는 새로움은 두려움이 아닌 다른 기회로 향하는 문이 될 수 있다는 가능성을 우리에게 보여 주었다.

> "언제부터인가 이 두근거림은 내 안에 숨어 있는 열망과 갈망의 아우성임을 알았고, 그 뛰는 소리를 따라 움직여 왔던 것 같다. 가수 시절, 무대에 올라 마이크를 잡고 전주를 들을 때마다 내 마음은 늘 설레었다. 수백 번 부른 노래였지만, 부를 때마다 새로웠고 늘 가슴이 뛰었다. 로스쿨을 선택할 때도 그랬고 공부에 치여 지옥 같은 나날을 보낼 때도 순간순간 그 두근거림이 있었다."

질문은 성장하는데 가장 좋은 방법이다

대학 시절, 매 수업 시간마다 교수님들께서 하시는 말씀이 있었다.

"질문 있는 사람, 질문하세요."

질문하라는 교수님의 말씀에 강의실은 늘 애꿎은 정적만이 흘렀다. 우리는 질문하는 것을 어려워한다. '만약 내가 이런 질문을 했을 때, 사람들이 웃으면 어떡하지?' '뭐 그런 것도 모르냐고 비난 받으면 어떡하지?'라는 생각 때문이다. 그녀도 처음에는 질문하는 것이 쉽지 않았다. 한국에 있었을 때는 어땠는지 모르지만, 로스쿨 진학을 준비하는 그녀에게 질문은 살 수 있는 유일한 방법이었다.

미국에 오자마자 그녀는 로스쿨 입학을 위한 LSAT 시험 준비에 열중했다. 처음 생각과는 달리 독학으로 진도를 나가는 것은 쉽지 않았다. 한계에 부딪힌 그녀는 미국에 오기 직전까지 다녔던 LSAT 준비 학원 제프 선생님을 떠올렸다. 수업 마지막 날, 제프 선생님은 그녀에게 말씀하셨다.

"혹시나, 미국에서 공부하다가 모르는 문제가 있으면 언제든지 전화해서 물어봐도 좋다."

처음에는 한국과 미국의 시차 때문에 민폐를 끼치는 것 같아 죄송스러웠지만, 별다른 방법이 없었다. 그녀는 일주일에 한두 번씩, 두 시간 동안 한국에 계신 제프 선생님께 국제전화를 걸어 모르는 것들을 질문했다. 제프 선생님 역시 귀찮고 번거로우셨을 텐데도 싫은 내색 한 번 하지 않으셨다. 오히려 이해할 때까지 차근차근히 설명해 주셨다. 제프 선생님과 전화를 하는데 쓴 카드가 쌓일수록 그녀의 공부 실력도 조금씩 쌓여 갔다.

> "세상에 바보 같은 질문은 없고, 질문이야말로 나를 옳은 길로 이끄는 한 방법이라는 것을 알기에 오늘도 나는 질문을 통해 한 계단 또 한 계단 천천히 올라가고 있다."

로스쿨 수업 방식 중에는 수업 중에 교수가 한 학생을 지명하여 질문 공세를 퍼붓는 '콜온' 방식이 있다. 교수의 직접적인 설명이 아닌 질문을 통해 학생 스스로 논리적 오류를 깨닫게 하는 방식이다. 그녀에게도 콜온의 기회가 왔다. 처음에는 정신을 바짝 차리고 질문에 조리 있게 대답했지만, 그녀가 어떻게 답변하든 교수님은 그에 대해 반문하고 다른 관점을 제시하면서 막다른 골목까지 생각을 몰아갔다.

처음에는 그녀도 이런 수업 방식에 깊이 좌절했지만, 결과적으로는 이런 과정이 있어 의견을 분명하게 전달하는 능력을 기를 수 있었고 자기 논리의 허점이 무엇인지 깨닫게 되었다. 부족한 점을 보강하기 위해서 어떻게 해야 하는지 스스로 고민하고 연구하는 시간이 되었다. 그리고 마침내 그녀는 어떤 당황스러운 질문이 쏟아져도 순발력 있게 대답하게 되었다.

많은 사람들이 막연한 두려움 때문에 질문하기를 두려워하고 망설인다. 질문은 절대 창피한 것이 아니다. 상대방의 경험과 노하우를 이끌어 내고 배울 수 있는 가장 훌륭한 방법이다. 질문은 자신이 한 말을 오래도록 기억하게끔 도와준다. 또한 사람은 질문을 던지면 그 방향으로 생각하고 발전하는 경향이 있다.

> "어쩌면 우리 모두는 자신에 대한 회의와 질문을 통해 스스로의 한계를 발견하면서 그렇게 조금씩 답을 향해 나아가는 존재일지도 모른다. 계속되는 콜온에 완패, 또 완패를 거듭하면서도 크게 절망하지 않았던 건 나 자신이 질문 속에서 답을 찾는 과정에 있다는 걸 알고 있었기 때문이다. 당장은 답을 몰라 머뭇거릴지라도 언젠가는 정답에 가까워지리라는 희망, 내가 콜온을 통해 배운 건 바로 그 희망이었다."

질문하는 것은 창피한 것이 아니다. 질문은 상대방의 지식과 노하우를 배울 수 있는 가장 훌륭한 방법이자, 성장할 수 있는 기회이다. 부끄러움과 두려움을 감추는 것이 자존심이라 착각해 성장의 기회를 포기해서는 안 될 것이다.

노력하지 않은 자는
절망할 자격도 없다

　우리는 도전보다 포기를 택할 때가 종종 있다. 아직 결과에 도달하지 않았음에도 불구하고 두려움에 앞서 미리 포기하고 싶을 때가 있다. 새로운 무언가를 시도하려고 마음먹었지만, 머릿속에 실패할 모습이 먼저 떠오른다. 계획을 세우고 실천 방법을 찾기보다는 미리부터 '내가 할 수 있겠어?' '내가 이것을 어떻게 해'라며 포기를 택하고 싶은 순간들이 있다. 이소은, 그녀에게도 도전보다 포기를 외치고 싶은 순간들이 있었다.

　5살부터 초등학교 6학년 때까지 미국에서 생활하고 대학에서 영문학을 전공한 그녀였지만, 언어의 장벽에 부딪혀 포기하고 싶었던 순간들이 많았다. 수업 시간에는 강의를 이해하기 어려웠고 로스쿨 현지 학생들의 화려한 언변을 따라가기가 쉽지 않았다. 법률 용어는 한 단어에 몇 가지 뜻이 함축돼 있어 어떻게 해석하느냐에 따라 논리가 달라졌다. 교수님과 학생들이 주고받는 농담은 마치 자막 없이 외국 영화를 보는 것 같았고 친구들과의 대화 속에서 그녀는 동문서답의 달인이었다. 수업 시간 교수님의 질문에 대답할 때는 늘 횡설수설했다. 세 페이지 분량의 판례를 읽고 이해하는 데만 해도 3시간이 걸렸고 로스쿨에 입학 한 후 첫 번째 중간고사에서는 예순다섯 명 중에 꼴찌를 하기도 했다.

종일 죽도록 공부했지만 머릿속에는 남는 것이 없었고 다른 친구들의 학습 속도에 반도 못 따라가자 허무함과 절망감이 느껴졌다. 자신의 능력으로는 더 이상 로스쿨 공부를 할 수 없을 것 같아 '이쯤에서 로스쿨을 그만두어야 하나'라는 생각도 했다. 능력 밖의 분야에 겁 없이 뛰어든 것 같아 매일 자신의 선택을 후회했다. 로스쿨에서의 하루하루가 지옥처럼 느껴졌다.

힘든 로스쿨 생활의 한계에 도달한 어느 날이었다. 그녀는 우연히 언니가 피아노 연주하는 모습을 보게 되었다. 가까이에서 보니 언니의 손톱에는 피가 맺혀 있었다. 듣기에는 아름다운 선율이 실은 돌처럼 딱딱히 굳은 손끝에서 나온 것이었다. 언니는 2초면 지나가는 두 마디를 위해 온 몸이 흠뻑 젖을 정도로 연습했다. 그녀는 언니의 그런 모습을 보고 깨달았다.

'노력은 배신하지 않는다.'

단 한 번의 실패로 배신감을 느끼고 자신의 능력과 가능성을 의심하고 좌절해서는 안 된다고 생각했다. 이후 그녀는 그동안 했던 노력보다 더 최선을 다해 도전하겠다고 다짐했다.

이후 그녀의 평균 수면 시간은 2시간 30분으로 줄어들었다. 지옥처럼 힘겨운 싸움을 시작한 것이다. 그녀는 로스쿨 내 공부법을 조언해 주는 상담 프로그램을 활용해서 문제점을 진단하고 자신에게 맞는 방법을 찾아 공부를 시작했다. 힘들었지만 마음속 잡념을 없애고 하루하루 성실하게 노력하며 살았다.

결국, 노력은 배신하지 않는다는 말처럼 그녀의 성적은 하루가 다르게 쑥쑥 올랐고 3학년 1학기 때는 한 과목을 제외한 모든 과목에서 A학점을 받았다.

그녀는 시작하는 마음으로 기본부터 다시 공부하며 잘못된 방법을 바로잡았다. 나올 수 있는 모든 질문에 준비해 답변하는 것을 반복했다. 반대의 입장에 서서 질문하고 거기에 대한 반박을 연습했다. 올림픽을 앞둔 선수들의 훈련처럼 집중한 결과 그녀는 학교 대표로 국제상사중재모의재판대회에 나가 우수변론가상까지 받았다.

"겨우 한 번의 실패로 내 능력을 의심하거나 좌절하기에는 아직 이르다고. 언니의 화려한 무대 뒤에 얼마나 고독한 연습의 시간이 있었는지를 잘 아는 내가, 피아노 위를 화려하게 달리는 언니의 손가락에 얼마나 모질고 딱딱한 굳은살이 박여 있는지를 잘 아는 내가 겨우 이만큼의 노력 끝에 좌절할 수는 없었다. 언니가 피아노 앞에서 보낸 27년의 세월만큼은 아니더라도 지금보다 훨씬 더 치열한 노력을 한 뒤여야 절망할 자격도 있다는 걸 깨달았다. 좌절하고 주저앉기엔 그동안 내가 흘린 땀과 눈물이 너무도 부족했다. 다시 일어서자고, 절망과 좌절은 치열하게 노력한 자에게만 허락되는 특

권이라고 자신에게 타이르며 나는 힘차게 박수를 쳤다. 화려한 무대 위에 서 있는 아름다운 언니에게, 그리고 다시 한번 로스쿨에 도전할 나 자신에게.″

꿈을 향해 있는 힘껏 뛰어서 더는 뛸 힘이 없을 때, 그럼에도 여전히 부서지고 깨지고 무너지기만 할 때, 그때 비로소 절망할 자격이 주어진다. 대충 생각하고 어설프게 시작한 일에는 포기할 자격도, 절망할 자격도 없다. 더딘 것은 염려하지 말고, 멈출 것을 경계해야 한다. 그러니 무엇을 하려고 마음먹었다면 철저하게 노력해야 한다.

과거, 현재의 모든 경험은 미래로 연결된다

우리는 살아가면서 다양한 경험을 하고 그것을 통해 많은 것을 깨닫고 배운다. 비록 당시에는 별 도움이 안 되고 가치가 없다고 느껴지는 경험이라도 시간이 지난 후에는 현재를 살아가는 데 도움이 된다는 것을 알게 된다. 가수에서 전혀 다른 분야인 로스쿨에 도전한 그녀였지만, 새로운 도전에는 지난 시절의 다양한 경험들이 많은 도움이 되었다.

가수로서 인정받으며 자신의 길을 가던 그녀가 모든 것을 내려놓고 로스쿨을 가겠다고 결심했을 때 주변에서는 모두들 허황된 도전이라고 했다.

"갑자기 웬 로스쿨?"

"가수 이소은이 법조인이 된다고? 법대생도 아니고 영문학을 전공했는데 어떻게 그럴 수 있어?"

그녀에게도 쉬운 결정은 아니었다. 어렵다는 로스쿨 공부를 과연 따라갈 수 있을지, 모아 놓은 돈으로 졸업할 때까지의 학비를 충당할 수 있을지, 사람들에게 가수 이소은은 완전히 잊히는 것은 아닐지, 친구들은 취업과 결혼으로 안정기에 접어드는데 바닥부터 새로 시작해야 하는 자신이 걱정되었다.

음악과 무대밖에 모르던 자신이 변호사가 되어 새로운 세상에 적응할 수 있을지 두려움이 앞섰다. 새로운 도전으로 지난날 자신이 이룬 모든 것들이 하얗게 지워질 것 같았다. 법 공부와 로스쿨이 요구하는 기본적 소양에 자신의 경험과 경력이 적합하지 않을지도 모른다는 생각에 하루에도 수십 번씩 생각이 바뀌었다.

그런 그녀의 생각과는 달리 별개라고 생각했던 가수로서의 무대와 변론의 무대는 아주 비슷한 면이 많았다. 가수로서 방송과 무대를 즐겼던 경험은 법정에 서는 부담과 두려움에서 벗어나게 해 주었다. 공연을 위해 완벽하게 준비하던 습관은 협상 대회 준비에 큰 도움을 주었다. 관중과의 소통 경험은 치열한 변론 과정에서 상대의 집중적인 질문 공세를 동요 없이 수용하고 그들의 마음을 이끄는 데 발휘되었다. 가수라는 경력은 그녀가 법을 공부할 수 있는 기반이 되어 주었고 단점이 아닌 강점이 될 수 있다는 확신과 자신감을 갖게 해 주었다. 그렇게 그녀는 변론이라는 새로운 무대 위에서 음악할 때의 짜릿함과 긴장감을 다시 느꼈다.

"사실 협상 자리와 무대는 닮은 점이 무척 많았다. 협상이 시작되면 마치 무대 위 조명이 한꺼번에 밝혀진 것처럼 내 온몸의 에너지가 활활 타올랐다. 변호사가 논리적인 언어로 상대방을 설득한다면, 가수는 노래로 청중의 마음을 움직이고 설득하는 사람이다. 가수가 무대 위를 누비듯 나도 협상 테이블을 나만의 무대라 생각하고 마음껏 장악했다.

머리 회전 빠르고 말솜씨가 좋은 로스쿨 천재들도 어쩌면 실전에서는 나보다 못할 수도 있다는 사실을 처음으로 깨달았다. 가수로서 일하면서 체득한 경험과 노하우가 실전에서 이리도 요긴하게 쓰이는 것을 보면 역시 인생은 그 어떤 순간도 버릴 게 없다는 말이 맞는 것 같다."

이소은, 음악, 방송, 공연, 공부, 로스쿨, 법⋯⋯.
그녀의 삶 속에는 서로 다른 다양한 경험들이 존재한다. 그녀 역시 자신의 경험이 서로 아무런 연관이 없는 다른 종류의 것들이라고 생각했다. 어느 것 하나 제대로 완성하지 못한 것 같아 두려웠고 불안했다. 이상을 현실로 이루면서 그녀는 깨달았다. 아무런 연관이 없다고 생각했던 지난날의 경험들이 노하우와 능력이 되어 어떤 방법으로든 도움이 된다는 것을. 우리가 다져 놓은 과거와 현재의 경험들은 어떻게든 미래로 연결된다. 그녀가 삶으로 증명한 것처럼 말이다. 그러니 나를 믿고 용기를 내 마음이 시키는 일에 한 걸음 더 다가가 보는 것은 어떨까?

> "우리의 미래는 알 수 없어서 앞날을 내다보며 점을 연결할 수 없어요. 과거를, 내가 걸어온 길을 돌아봐야 비로소 찍어 놓은 점이 연결되는 것입니다. 그러니까 그 무수히 많은 점들이 어떻게든 미래로 연결될 거라는 믿음을 갖고 전진해야 합니다. 직감, 운명, 삶, 업보, 그 어떤 것이든 믿어야 해요. 그 점들이 언젠가 연결될 거라는 믿음은 이미 개척된 길이 아닌 미지의 길을 갈 때라도 당신의 가슴이 이끄는 대로 따르도록 당신에게 자신감과 용기를 줄 것입니다. 그것이 모든 것을 변화시키고 그로 인해 모든 것이 달라질 겁니다."
>
> – 스티브 잡스의 강연 중에서

도전하는 과정 자체가
곧 배움이다

'가장 훌륭한 스승은 경험'이라는 말이 있다. 직접 몸으로 부딪히고 체험한 일은 기억에서 쉽게 잊히지 않을 뿐 아니라 더 많은 깨달음과 교훈을 준다. 이소은에게 3년 동안의 로스쿨 유학 생활은 힘들었지만, 이 세상 무엇과도 바꿀 수 없는 아주 값진 배움의 시간이었다.

처음에 실패하고 좌절했을 때는 자신의 능력에 한계를 부여하기도 하고 로스쿨 도전을 포기하고 싶었지만, 시간이 지난 지금, 그녀는 말한다. 지난날의 경험이 있어 하는 일이 잘 풀리지 않더라도 쉽게 좌절하거나 무너지지 않을 수 있었다고. 자신의 가치와 한계를 함부로 단정 지으면 안 된다는 것을 몸소 배운 것이다. 실패하고, 소중한 기회를 놓치고, 치명적인 실수를 하더라도 그것 때문에 인생의 실패자가 되지는 않음을 깨달은 것이다.

도전은 결과를 만들어 내고 무언가를 얻기 위함이 아니다. 자신의 목표를 향한 과정 속에서 하는 경험, 실패, 좌절, 작은 성과, 이 모든 것이 다 소중하고 값진 배움이다. 그녀는 몸으로 부딪히며 깨우친 배움은 다음 번의 도전에 든든한 버팀목이 된다는 사실을 인생이라는 값진 수업을 통해 배웠다.

"돌아보면 지난 3년 동안 나는 여러모로 자신의 한계를 경험하고 실감했다. 그리고 그런 시간들을 견뎌낸 지금, 왠지 세상 그 무엇으로도 뚫을 수 없는, 아주 단단한 갑옷 하나를 얻어 입은 기분이다. 그 갑옷은 법에 대한 지식, 좋은 변호사여서가 아니라 끊임없이 자신을 담금질해서 얻어 낸 갑옷이다. 전보다 훨씬 넓어진 시야와 그로 인해 새로이 불붙은 열망으로 만들어 낸 갑옷이다."

"언젠가부터 로스쿨 졸업장이나 변호사 자격증이 아닌 학교에서 보낸 1분 1초가 모두 성공의 순간이라는 확신을 하게 됐다. 'The journey is the reward(여정 자체가 그 보상이다)'라는 스티브 잡스의 말처럼 로스쿨에서 보낸 3년, 그 자체가 내게 커다란 보상이라는 걸 깨달았다. 나 자신의 능력에 대해 끊임없이 회의하며 아픔과 절망으로 보낸 시간들이 나를 단련하는 담금질의 과정이었음을 알았다."

그녀의 '호기심'이 멋진 이유

"우와, 대학교에서는 영어를 배우고 직업은 가수였는데 변호사가 될 수 있다니……. 정말 신기하고 대단해요."

"그럼 사람의 가능성은 무한하거든."

승희는 아까 내게 보여 주었던 자신의 인생 계획표를 뚫어져라 보며 웃었다. 이소은의 이야기를 통해 자신도 예상치 못한 꿈에 도전해 해낼 수 있다는 가능성을 느낀 것이다.

> "나처럼 지금 당신의 심장을 뛰게 하는 염원이 있다면, 자신을 위해 용기를 냈으면 좋겠다. 실패할까 봐, 그나마 가진 것조차 잃을까 봐, 나이가 많아서, 형편이 안 돼서, 어차피 이루기 힘든 꿈이라서, 남들의 시선이 부담스러워서, 가족이 반대해서……. 두려운 마음이 드는 이유는 아마 수십 가지도 더 있을 것이다. 나 역시 같은 두려움이 있었으니까. 하지만 '그때 용기를 내서 한번 해 볼 걸'하는 후회보다 '괜히 시작했나'하는 후회가 낫다고 생각한다. 일단 도전한 사람에게는 결과에 상관없이 자신감과 경험이라는 귀한 선물이 주어진다. 자신에게 새로운 도전을 허락하는 순간 변화는 시작된다고 믿는다."

우리 앞에는 아직 보지 못한 넓은 세상과 미래의 수많은 기회들이 있다. 우리의 꿈과 미래는 몇 개의 보기 중에서 골라야 하는 것도, 계획표대로 따라가야 하는 것도 아니다. 어떤 일이든 호기심을 갖고 최선을 다해 부딪쳐 본다면 새로운 기회의 문이 열릴 것이다.

"내 도전에는 끝이 없을 것이다. 로스쿨을 마치고서도 여전히 앞으로의 인생을 짐작할 수 없다는 것은 일에 대한 확신이나 열정이 없어서가 아니다. 언제나 모든 가능성을 활짝 열어 두고 마음이 이끄는 소리에 정직하게 반응하며 살고 싶어서다."

사람들은 '그런 것은 해서 뭐하게?'라는 충고로 그녀의 도전을 말렸지만, 그녀는 도전 끝에 깨달았다. 아무리 허황되고 실패할 가능성이 높은 일이라도 그것이 훗날 어떤 결과로 눈앞에 펼쳐질지는 아무도 모른다는 것을. 그녀의 호기심은 우리에게 무한한 가능성이 있고, 도전을 받아들여야 기회도 만들어 낼 수 있다는 것을 보여 주었기에 아름답다.

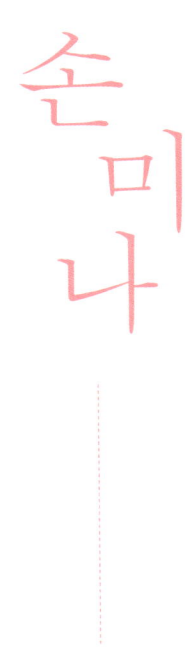

'〈가족오락관〉 최장수 여자 MC' '〈도전! 골든벨〉의 초대 안방마님 〈9시 뉴스〉의 앵커까지. 그녀는 KBS 24기 공채 아나운서로 입사하여 다수의 인기 프로그램에 진행을 맡아 왔다.

인기와 명예, 두 마리 토끼를 모두 잡으며 아나운서로서의 입지를 다져 가던 어느 날, 그녀는 돌연 모든 것을 내려놓고 스페인으로 떠났다. 쫓기듯 달려온 일상에 텅 빈 자신을 채우기 위해 1년간의 여행을 시작했다.

스페인에서의 1년을 담아 낸 그녀의 첫 여행기《스페인 너는 자유다》는 베스트셀러가 되며 화제를 모았다. 다음 해 그녀는 많은 이들의 예상을 깨고 10년간의 회사 생활을 마무리 했다. 이후 길에서 만난 풍경과 인연들을 글로 남기는 여행 작가로 변신했고 번역서와 에세이, 장편소설을 발행하며 작가로서 대중의 곁에 다시 돌아왔다.

새로운 것을 시도할 때, '그 나이에 무슨 도전이야?' '그냥 지금 안정된 상태로 살지' '그러다가 실패하면 어떡하려고 그래?'라며 도전을 망설인 적이 있다면 그녀의 이야기를 들려주고 싶다. 아무것도 보장돼 있지 않은 상태에서 용기로 자신의 삶을 채워 가는 그녀의 이야기를······.

: 손미나 작가, 방송인

손미나앤컴퍼니 대표

KBS 24기 공채 아나운서
바르셀로나대학교 대학원 언론학 석사
고려대학교 서어서문학 학사

《누가 미모자를 그렸나》
《다시 가슴이 뜨거워져라》
《스페인 너는 자유다》
《태양의 여행자》
《파리에선 그대가 꽃이다》

03

여행 한 번,
책 한 권이
인생을 바꿀 수 있어요

손미나의 '용기'

"지난주에 학교 가정 수업 시간에 '상황에 맞는 옷 입기'라는 주제로 패션쇼를 했거든요. 다양한 상황 설정이 있었는데 그중에 저는 설거지 하는 상황을 맡았어요. 할머니께 꽃무늬 몸뻬 바지도 빌리고 집에서 그릇이랑 초록색 수세미를 들고 가서 입장과 동시에 무대에서 춤을 췄거든요. 어찌나 반응이 뜨겁던지, 친구들도 선생님도 다들 놀란듯했어요.

사실 제가 엄청 내성적이라 처음에는 부끄럽고 정말 하기 싫었어요. 많은 사람들 앞에서 새로운 모습을 보이는 게 두려웠거든요. 그렇지만 제가 하지 않으면 조별 점수에 좋지 않은 영향을 줄 것 같아서 무대에 올라가자마자 눈 딱 감고 춤도 추고 머리도 신나게 흔들었어요.

그랬더니 변화가 생겼어요. 제가 워낙 말수도 없고 조용해서 친구들 사이에서도 주목 받지 못했는데 이번 기회로 인기가 많아졌어요. 선생님들도 알아봐 주시고 친구들도 좋아해 주는 것 같아요. 인기 많고, 활발한 성격을 가진 친구들을 보면 늘 부러웠는데…… 친구들이 제 변한 모습을 보고 좋아해 주니까 너무 기뻐요. 용기 내서 조금씩 저를 바꿔 보고 싶은데……제가 할 수 있을까요?" (박혜진, 14세)

평소 혜진이는 친구들 사이에서 말이 없고 조용한 아이였다. 모두와 잘 어울리기보다는 마음 맞는 친구 몇 명과 같이 다니는 것이 더 편하고 좋은 아이였지만, 마음 한편으로는 다수의 친구들과 두루 잘 어울리는 친구들을 부러워하고 있었다. 평소 활달한 친구들의 성격을 부러워하며 자신의 성격도 그렇게 바꿔 보고 싶다고 했다.

그럼에도 용기가 부족해 변한 자신의 모습을 상상하는 것만으로도 부끄러워하던 혜진이었는데 어렵게 용기를 낸 것이다. 그런 혜진이의 모습이 기특해서 용기의 아이콘인 손미나 아나운서의 이야기를 들려주기로 했다.

내 인생은
내가 디자인한다

손미나는 대학 졸업 후 KBS 아나운서로 입사, 인기 방송 프로그램 다수를 진행하며 많은 시청자들의 사랑을 받았다. 인기와 명예, 두 마리 토끼를 모두 잡으며 아나운서로서 입지를 다져 가던 어느 날이었다. 8년 남짓을 치열하게 달려온 그녀는 남부럽지 않은 커리어를 쌓았지만, 채워도 채워지지 않는 갈증으로 지쳐 있었다.

부지런히 살려고 노력하니 방송국 일은 더 바빠졌는데 그녀의 머리는 대학교 다닐 때 좋아하는 외국어 공부에 바친 시간과 열정이 무색할 정도로 기본적인 단어조차 떠올리기 힘든 상태가 됐다.

너무나 쉬고 싶었고 공부가 하고 싶었다. 새로운 사람들을 만나고 가 보지 못한 곳으로 여행도 가고 싶었다. 그때 우연히 읽게 된 무라카미 하루키의 에세이 《먼 북소리》를 계기로 반복되는 일상에 변화를 시도하게 된다.

《먼 북소리》의 주인공 하루키는 '마흔을 넘기면 절대 하지 못할 일이 무엇인가'를 고민하다 '갖고 있는 것들을 미련 없이 버리고 새로운 세상을 알기 위해 떠나는 일'이라는 결론을 내린다. 그의 나이 서른일곱, 그는 모든 것을 정리하고 이탈리아로 떠났다. 그 여행에서 그는 《상실의 시대》를 탄생시키며 세계적인 작가가 되었다.

그녀는 하루키처럼 자기 역시 지금이 아니면 할 수 없는 일이 '모든 것을 훌훌 털고 스페인으로 떠나는 것'이라 생각했다. 아무것도 보장되어 있지 않은 상태에서 떠난다는 것이 두려웠지만, 30대 초반의 젊은 나이에 안정과 최고를 찾다가 도전도, 실패도, 변화도 없는 '죽은 삶'을 사는 것은 더 두려웠다. 결국, 고심 끝에 그녀는 휴직을 결심했다.

방송을 접고 스페인으로 가고 싶다는 그녀의 결심에 사람들은 걱정이 이만저만이 아니었다. '그 나이에 무슨 도전이냐?' '아나운서로 가장 활발한 활동을 하고 있는 이 시점에 그렇게 일을 다 접고 떠나면 어떻게 하느냐?' '돌아왔을 때 그 위치에 다시 서지 못하면 어쩔 것이냐?' '결혼은 안 할 것이냐?' 등 격려보다는 우려의 목소리가 높았다.

"서른 밖에 안 됐는데 무엇을 못 할까요? 직장 생활을 하게 되면 겨우 사회 초년생으로 뭔가를 해 보려고 할 때가 이십대 후반, 삼십대 초반입니다. 삼십대 초반의 저는 이제 막 뒤뚱뒤뚱 걸음마를 배우려던 어린아이였습니다. 그런데 넘어지는 것이 무서워서 망설이느라 시도조차 하지 않는다면 걸을 수 있을까요? 넘어지는 것은 당연하고 넘어지면 다시 일어서서 걸으면 됩니다. 인생에 있어 나이는 중요하지 않다고 생각합니다. 언제 어떻게 넘어지든지 다시 일어나서 걸어가

> 고자 하는 의지만 있다면, 자신의 꿈이 무엇인지 확고하기만 하다면 지금의 자신을 내려놓는 것은 어렵지 않습니다. 중요하지 않습니다."
>
> – 강연 중에서

주변의 우려에도 그녀는 걱정하지 않았다. 지난 8년 동안, 그녀는 자신이 맡았던 아주 짧은 분량의 방송까지 모두 녹음, 녹화해서 모니터해 왔다. 녹화 후 편집 작업에도 직접 참여해 자신의 잘못과 고쳐 나가야 할 부분을 철저히 분석했다. 그동안의 노력이 배어 있는 자신의 자리에 자신감이 있었기에, 그 누구보다 열심히 일했기에, 그녀는 미련 없이 자신의 결정을 실행에 옮겼다.

그녀는 곧장 스페인으로 가 바르셀로나대학에서 언론학 석사과정을 밟았고 그곳에서 1년을 보냈다. 그녀는 자신이 주체적으로 선택한 길을 통해 인생을 직접 설계할 수 있다는 용기와 자신감을 얻고 돌아왔다. 그리고 그녀는 다시 원래의 자리로 돌아갔다. 달라진 것이 있다면 자신의 의지대로 선택한 길을 감으로써 인생을 직접 디자인할 수 있다는 용기와 자신감을 얻었다는 것이다.

아무도 자신을 모르는 스페인에서의 생활은 그녀가 진정으로 자신과 마주설 수 있었던 경험이 되었다. 아나운서라는 시선에서 벗어나 마음껏 울고 웃으며 자유로움을 만끽한 시간이었다. 그녀는 항상 마음속으로 꿈꿨다.

'언젠가, 정말 나에게 쉼표 같은 휴식이 필요한 때가 오면 그때 스페인으로 떠나자.'

그녀는 스페인으로 떠나게 될 날에 대비해 천천히 준비했다. 학원에 다니면서 스페인어도 배우고 스페인에 가서 한국어를 가르치기 위해 '외국인을 위한 한국어 교습 자격증'도 땄다. 그녀는 계획을 적는 다이어리에 적힌 꿈을 들여다보며 '지금은 보이지 않지만, 언젠가는 현실이 될 것'이라 굳게 믿었다.

다음 해, 그녀는 많은 이들의 예상을 깨고 10년간의 회사 생활을 마무리했다. 이후 길에서 만난 풍경과 인연들을 글로 남기는 여행 작가로 변신해 번역서와 에세이, 장편 소설을 발행하며 작가로서 대중의 곁에 다시 돌아왔다.

> "새로운 무언가를 하기에 늦었다고 느껴졌던 때야말로 실패한다 하더라도 한 번쯤 도전해 볼 수 있는 시기가 분명하다. 모든 것을 훌훌 털고 떠날 수 있는 용기가 있다면 다시 새롭게 채울 수 있는 기회를 얻을 수 있다."
>
> – 인터뷰 중에서

공장에서 만든 쿠키와 집에서 만드는 쿠키의 차이는 공정 과정에 있다. 공장에서 만든 쿠키는 획일화된 반죽 양에 일정 개수의 견과류를 넣은 것으로 똑같은 제품이 수천, 수만 개가 있다. 그중 하나가 우리 손에 들어오는 것이다. 반면에 손으로 직접 만든 쿠키는 원하는 재료를 골라 만들 수 있으며 모양과 크기도 마음대로 할 수 있다.

우리의 삶은 공장에서 찍어 내듯이 만드는 쿠키가 아닌 직접 빚어 만드는 수제 쿠키와 같다. 우리의 인생은 주어진 대로 사는 것이 아니다. 어떤 재료를 갖든, 어떤 모양과 색을 내든 본인의 자유다. 우리의 삶은 각자 자기가 디자인할 수 있고 그래야 마땅하다.

꿈은 자기 자신을 관찰하는 사람에게만 보인다

"어째서 우리는 자신의 마음에 귀를 기울여야 하는 거죠?"
"그대의 마음이 가는 곳에 그대의 보물이 있기 때문이지."

.
.
.

"무언가를 간절히 원할 때, 온 우주는 자네의 소망이 실현되도록 도와준다네."

> "눈앞에 아주 엄청난 보물이 놓여 있어도, 사람들은 절대로 그것을 알아보지 못하네.
> 왜인 줄 아는가? 사람들이 보물의 존재를 믿지 않기 때문이지."
>
> **《연금술사》 중에서**

보물찾기와 꿈에는 공통점과 차이점이 있다. 공통점은 믿고 찾아 나서는 사람의 눈에만 보인다는 것이다. 보물은 그것이 있다고 믿는 사람의 눈에 발견되고 꿈은 자신의 내면에 있다고 믿으며 관찰하고 지켜보는 사람에게만 발견된다.

차이점은 보물은 나무 아래, 바위 밑이나 틈 사이에 존재하지만, 꿈은 각자의 마음속에 존재한다는 것이다. 보물을 찾기 위해서는 나무나 바위 주변을 샅샅이 살펴보고 뒤져 봐야 하지만, 꿈을 찾기 위해서는 마음속을 관찰하고 지켜봐야 한다.

손미나 그녀도 아나운서 직업을 선택하기까지, 아나운서에서 여행 작가가 되기까지 끊임없이 자신을 관찰하며 '손미나가 아니면 안 되는 일'에 대해 고민하고 생각했다.

아나운서 8년차, '아나운서 손미나'가 아닌 '인간 손미나'를 채우기 위해 떠난 스페인 유학에서 그녀는 여행과 책이 자신을 채우고 성장시킨다는 것을 깨닫고 여행 작가가 되겠다고 결심하며 새로운 도전을 감행했다. 다음은 그런 자신의 결심에 대한 그녀의 생각이다.

"아나운서라는 직업을 10년 동안 하니까 많은 고민이 들었어요. 여자 아나운서는 젊었을 때 화려하지만 나이 들수록 자리 잡기가 굉장히 어렵습니다. 미국이나 프랑스에서는 10년 정도 아나운서를 하면 대본도 직접 쓰고 제작 회의에도 참가하고 취재도 하는데 우리는 그럴 수 없는 시스템이었죠. 공부와 휴식이 필요하다고 생각해 휴직하고 스페인으로 건너갔습니다. 바르셀로나 대학에서 현지 언론인들과 경쟁하며 석사과정을 마치고 나니 큰 자신감이 생겼지요. 이후 한국에 돌아와 스페인에서의 경험을 담아《스페인 너는 자유다》를 출간했는데 많은 독자 분들이 사랑해 주셨습니다. 책을 써 보니 '책은 나를 완성시킨다'라는 만족감이 굉장히 컸습니다. 이런 책을 10권 쓴다면 나중에 나이 든 아나운서로 있는 것보다 낫다고 생각해 사표를 냈습니다. 이후 차례차례 길이 열렸고 지금까지 쉼 없이 달려왔습니다."

사람은 항상 자신의 마음이 무엇을 원하는지에 귀 기울여야 한다. 그래야 흔들리지 않고 내 마음 속의 보물을 찾을 수 있으며 꿈을 이룰 수 있다.

"'정말로 내가 원하는 것이 무엇인가?' 내 마음 속 뜨거움의 정체를 찾는 것도 중요하지만, '내가 그것을 할 수 있는가?'도 중요하다. 무모한 것을 무모하게 하라고 얘기하고 싶지 않다. 꿈은 무조건 이루어지지 않는다. 내가 진짜 할 수 있는 것과 할 수 없는 것, 장점과 단점을 냉정하게 파악하고 분석해서 '아! 이 정도면 내가 도전해볼 만하겠다'라는 결론이 내려지면 그 뜨거움이 의지와 일치하게 된다. 나는 그때부터 경주마처럼 앞만 보고 달렸다. 남들이 뭐라고 하든 말든."

— 인터뷰 중에서

"인생은 마라톤과 같다. 그런데 실제 마라톤과 다른 점이 있다. 같은 출발선에서 다 같이 시작해 똑같은 결승점으로 들어가지 않는다는 것이다. 한 사람 한 사람의 마라톤 코스가 각자 다르다. 남과 비교하는 것은 굉장히 무의미한 일이다. 내 앞에 가는 사람이 나보다 더 앞에 가는 것 같지만, 알고 보면 내 뒤일 수도 있다. 내가 내 코스에서 얼마나 앞으로 달려가고 있는지, 제자리에 있는지, 뒷걸음질 치고 있는 사람인지. 내 코스에서 내 위치가 어딘지가 더 중요하다."

— 인터뷰 중에서

자유는 스스로 정한 기준에 대해 책임질 때 생긴다

고등학교 때까지 오락실은 쳐다도 보지 않던 그녀에게 대학 생활은 그야말로 신세계였다. MT도 가고 동아리 활동도 하고 선배들과 어울리며 고등학생 때 누려 보지 못했던 자유를 만끽했다. 술을 마시며 밤늦게 귀가하는 날들이 잦아졌다.

한 번은 밤 12시에 집에 들어간 적이 있었다. 두근거리는 마음으로 집에 들어갔는데 부모님께서는 아무 말씀이 없으셨다. 죄송한 마음에 집에 오면 설거지도 하고 집안일을 도왔지만, 부모님은 묵묵부답이셨다.

'왜 그렇게 늦었어?' '지금까지 누구랑 있었어?'라며 혼을 내신다면 차라리 마음이 더 편했을 텐데 일주일이 지나도록 아무런 말씀이 없으셨다. 그녀는 그런 부모님이 더 무섭기만 했다. 그러던 어느 날이었다. 학교에 있는데 아버지로부터 온 편지 한 통을 받았다. 아침에 인사하고 온 아버지께 편지를 받으니 순간 가슴이 철렁했다. 다음은 아버지가 보낸 편지의 내용이다.

> 사랑하는 딸 미나에게!
> 나이를 먹는다고 해서 모두 숙녀가 되는 것은 아니다.
> 진정한 자유라는 것은 무한한 책임이 뒤따른다.

무릇, 군자는 남이 볼 때나 보지 않을 때나 말과 행동이 똑같은 사람이다.
우리 집은 통금이 없다. 네가 마음속으로 정해라.
그것이 10시가 아니라 새벽 2시여도 된다.
대신 말하지 마라, 알면 통제하게 되니까.
네가 정하고 반드시 지켜라.

그녀의 예상과는 달리 편지 안에는 꾸짖는 말씀이 단 한마디도 없었다. 그녀는 아버지의 편지를 받고 '자신의 행동에 책임질 수 있다면 그것이 자유가 되지만, 무분별하게 즐기면 방종이 되고 인생의 독이 된다'라는 가르침을 얻었다. 이후로 그녀는 자신이 지켜야 할 원칙을 세우고 그 안에서 항상 최선을 다했다. 다음은 그녀가 자신에게 약속한 원칙들이다.

'서른 살 이전에 내 이름으로 된 책 한 권을 내 볼 것.'
'언젠가 아나운서 생활에 슬럼프가 오게 된다면, 1년 정도 나에게 휴식을 선물할 것.'
'주어진 방송과 맡은 임무에 충실할 것.'
'출연했던 모든 방송은 아무리 짧더라도 모니터할 것.'
'녹화 방송 편집 작업에 참여해서 부족한 부분을 배우고 고

'칠 것.'
'글은 무조건 아침에 쓸 것.'
'체력이 버틸 수 있도록 꾸준히 운동할 것.'
'가족과의 시간을 가질 것.'
'술자리는 가급적 일주일에 한 번을 넘기지 않도록 할 것.'

다른 사람이 정한 규율이나 기대가 아닌, 자신이 생각했을 때 가장 필요한 것, 허락할 수 없는 원칙을 세우고 지켜야 한다. 그래야 삶의 주인이 될 수 있다. 사람은 자신의 기준에 책임을 다했을 때 진정한 자유를 얻을 수 있다.

여행은 자신을 이해하고 세상을 배우는 시간이다

여행은 '길 위의 학교'라는 말도 있듯이 여행에서의 경험과 그곳 사람들과의 만남은 많은 깨달음을 준다. 그녀에게 여행은 인생의 전환점이자 삶의 축소판이었다. 대학교 3학년, 호주에서 보낸 교환 학생 기간이 끝날 무렵 그녀는 장학금을 지원받아 어학연수를 떠난 뉴칼레도니아에서 미국인 부부를 만났다.

'좀 특별하게 살아 보자'라는 생각으로 부부는 결혼식도 생략하고 여기저기서 돈을 끌어모아 요트를 샀다. 요트를 타고 세계 일주를 시작한 부부는 배를 타고 돌면서 발길이 닿는 곳에 멈춰 원하는 만큼 살았다. 그러다 돈을 벌어 기름 값을 마련하면 다시 떠났다. 그렇게 아시아를 돌고 오세아니아를 거쳐 뉴칼레도니아에 왔는데 지역이 너무 아름다워 떠날 수 없어 결국 요트를 팔고 집을 샀다. 부부는 2년 정도 살다가 다시 요트를 사서 떠날 꿈을 계획하며 행복하게 살고 있었다.

그녀는 부부를 통해 인생은 주어진 대로가 아닌 자기 뜻대로 조각하며 사는 것인데 지금까지 그렇게 살지 못했음을 깨달았다.

> "여행을 통해 현지 사람들을 만나 그들과 소통하다 보면 세상에 존재하는 인간의 수만큼 다양한 인생이 있다는 사실을 깨닫고 제 자신을 돌아보게 되거든요. '이런 삶도 있네'라며 쇼크를 받는 거예요. 1+1은 2가 아니라 0일 수도, 10일 수도 있다는 생각을 못 하다가 조금씩 달라지는 것이죠. 그런 생각이 점점 쌓이고 쌓여서 정리되죠."
>
> – 인터뷰 중에서

호주와 뉴칼레도니아에서 보낸 1년은 그녀의 생각에 많은 변화를 주었다 그녀는 더 큰 세상을 보고 싶었고 견문을 넓히고 싶었다.

결국, 이대로 한국에 돌아가서는 안 되겠다는 생각에 그녀는 스페인어를 공부하기 위해 마드리드로 떠났다. 깨달음이 심어 준 용기는 가득했지만, 그 시작이 마냥 순조롭지만은 않았다.

아르바이트를 열심히 했지만, 비행기 티켓을 사기에는 턱없이 부족했다. 학생 할인을 통해 원래 가격의 절반 정도 되는 가격으로 티켓을 구해 여행을 시작했지만, 돈을 절약한 만큼 수고가 들었다. 짐을 실을 수 있는 무게가 정해져 있어 최대한 옷을 껴입는 등 최대한 짐을 추려서 타야 했다. 7번의 환승과 9번의 기내식을 먹어 가며 그녀는 우여곡절 끝에 마드리드에 도착했다.

마드리드에 도착해서 야심차게 시작한 스페인 생활이었지만, 시련은 계속되었다. 처음 시도한 베이비시터 아르바이에서는 세 살 된 아이보다 스페인어를 못해 무시당하기 일쑤였고, 아이 부모님의 교육관과 맞지 않다는 이유로 해고당했다. 엎친 데 덮친 격으로 소매치기를 두 번이나 당했다. 무일푼에 무직인 그녀는 현지 생활에 지쳤고 한국에 대한 그리움은 점점 커져만 갔다.

그때, 망연자실해 있는 그녀에게 한 선배가 파리 행 비행기 티켓을 내밀었고, 그녀는 파리로 떠나지 않으면 서울로 돌아가야 할 것만 같아 한국 돈 3만원을 주머니에 넣고 파리로 떠났다. 파리로 떠나는 비행기 안에서 였다. 나란히 앉게 된 세네갈 할아버지가 그녀에게 말을 걸어왔다.

"아니, 젊은 사람 얼굴이 왜 그러나? 무슨 일이기에 슬픔이 가득하고 희망이 없는 얼굴이인가? 이렇게 힘이 빠졌는데 비행기를 타고 어딜 가겠는가…….”

그녀는 그동안의 사정을 이야기했다. 그러자 할아버지는 갈 곳 없는 그녀에게 숙소 제공을 제안했다. 넉넉한 여비도, 마땅히 갈 데도 없던 그녀는 그를 따라가게 되었다. 그는 아무런 조건 없이 숙소, 식당, 파리 택시 투어 서비스까지 많은 호의를 베풀어 주었다.

처음에는 호의가 마냥 감사했는데 나중에는 자신을 도와준 연유가 궁금해져 헤어질 때 그 이유를 여쭈었더니 다음과 같이 대답하셨다.

"사실, 나는 정말 가난한 집안에서 태어났단다. 나에게는 밥 한 끼 먹는 것이 그날의 유일한 목표였지. 공부를 한다거나 꿈을 이룬다는 생각은 나에게 그저 사치였지. 그런데 열심히 살다 보니까 내게 도움이 필요한 순간에 누군가 나타나서 아무런 조건 없이 호의를 베풀어 주었지. 그것이 지금의 나를 만든 것이고. 그렇기 때문에 나는 자네와 같은 사람을 봤을 때 도와줄 수밖에 없었지. 비행기 안에서 내가 자네를 처음 봤을 때 좌절하던 젊은 날의 내 모습이 떠올랐고 그렇게 두어서는 안 된다고 생각했지. 그래서 자네를 도운 것이야.”

그녀는 부족한 것이 없어 보이는 할아버지에게도 발버둥 치고 좌절했던 시절이 있었다는 말에 자신감을 얻었다. 그리고 깨달았다. 꿈을 향해 가는 길에는 늘 고난의 순간이 있기 마련이지만, 포기하지 않고 노력한다면 반드시 꿈을 이룰 수 있다는 것을 말이다.

> "여행은 모든 가능성이 존재하는 곳이에요. 뜻하지 않은 사고가 날 수도 있고 생각지 못한 힘든 일도 많이 있죠. 물론 지나면 모든 것이 추억이 돼요. 그래서 여행은 인생의 축소판이라는 생각이 들어요. 아주 작은 일부터 큰일까지 배우는데 그런 점에서 여행은 곧 학교이고 자신을 배우는 시간이에요. 여행을 통해 무언가를 깨닫고 다른 생각을 하게 되니 머릿속에서 혁명이 일어났어요. 가치관과 삶의 태도가 바뀌는 기적처럼 말이죠."
>
> — 인터뷰 중에서

그녀는 아르헨티나를 여행하던 중 소지품을 크게 도둑맞은 적이 있었다. 수중에 가지고 있었던 카메라, 컴퓨터, 하드디스크, 중요한 자료들과 사진을 몽땅 도둑맞았다. 얼마나 속이 상하던지 몸에 병이 날 정도였다. 그런 그녀에게 아르헨티나에서 만난 인티라는 친구가 다가와 말했다.

"미나, 네가 속상한 것은 알겠는데 가만히 잘 생각해 봐. 넌 아무것도 잃은 것이 없어. 그중에는 처음부터 네 것이었던 것이 아무것도 없어. 그러니까 그렇게까지 슬퍼하지는 마."

그의 말이 맞았다. 카메라, 컴퓨터, 하드디스크 등, 원래부터 그녀의 물건이었던 것은 하나도 없었다. 그럼에도 4달 이상 찍었던 2만장의 사진을 모두 잃어버렸다는 것이 그녀는 너무도 속상했다. 그것은 단순한 사진을 넘어 자신을 되돌아 볼 수 있는 추억이었기 때문이다.

"카메라나 컴퓨터는 돈 주고 다시 사도 되고 원래 내 물건이 아니었다고 하지만, 사진은 손수 찍은 내 것이고 내 작품인데……."

그런 그녀에게 인티는 말했다.

"그래 맞아. 네 말이 맞는데, 지금 네 모습을 한 번 돌아봐. 너에게는 건강한 두 팔과 두 다리가 있잖아. 건강한 정신과 영혼이 있잖아. 그것에 감사해야 해. 모든 것을 잃지 않았음에 감사하고 다시 일어나서 걸으면 되는 거야. 인생은 그런 거야."

그녀는 그의 말을 듣고 충격에 빠졌다. 그동안 이런 이치를 몰랐다는 것이 신기하게 느껴졌다. 방금 전까지만 해도 카메라를 도둑맞았다는 사실에 속상했지만, 시간이 지나면서 감사함이 피부로 느껴졌다.

> "우리가 인생을 힘들어 하는 이유는 모두가 기쁜 일만 있고 행복한 순간들만 있을 것이라고 기대하기 때문인 것 같다. 살다 보면 장밋빛으로 성공하는 순간도 있지만 실패와 좌절하는

순간도 있다. 실패와 좌절은 우리가 가다가 넘어지는 것처럼 인생에 있어서는 아주 자연스러운 일들이다. 그것을 거치지 않고서는 앞으로 나아갈 수 없고 꼭 맛봐야 하는 인생의 선물 같은 것들을 놓칠 수밖에 없다. 이것을 인정할 때 모든 것은 수월해지고 위기를 잘 넘길 수 있으며 다시 일어설 수 있다. 만약 당신이 가다가 넘어지게 되더라도 괜찮다! 목청 터져라 실컷 울고 다시 일어나서 또 걸으면 된다."

– 인터뷰 중에서

나를 알기 위한 재충전은 후퇴가 아니다

악보의 오선지 위에는 음표도 있고 쉼표도 있다. 각기 다른 높이와 길이의 음표들이 모여 하나의 음악이 된다. 만약 쉼표가 없다면 끊임없이 이어지는 음들 때문에 아름다운 음악이 되지 못할 것이다. 음악의 선율이 아름다운 것은 적당한 자리에 가만히 머물 줄 아는 쉼표가 존재하기 때문이다. 아름다운 음악일수록 쉼표가 중요하다.

우리가 그녀의 도전과 용기를 높게 평가하는 것은 그녀의 인생에 멋진 쉼표들이 존재하기 때문이다.

그녀에게도 힘든 고3 수험생 시절이 있었다. 아무리 노력해도 발전이 없는 생활에 지쳐 있을 무렵 아버지께서 그녀에게 제안하셨다.

"이제 여름도 다가오는데 얼마나 덥고 지치겠니? 여름 보충수업 정말 하고 싶니?"

"보충수업은 하지 않아도 될 것 같은데……."

"네가 그렇게 원한다면 아빠가 선생님께 한번 말씀드려 볼게."

진심으로 딸을 걱정하는 아버지의 제안에 담임선생님도 마지못해 허락하셨다.

"본인이 원한다면 그렇게 하십시오. 단, 저는 대학에 떨어지는 것은 책임지지 못하니 마음대로 하세요."

그렇게 그녀는 고3의 여름방학을 방학답게 즐기게 됐다. 그녀는 아버지가 교수로 근무하고 계셨던 청주 어느 대학에서 방학을 보냈다. 아버지 연구실 바로 옆에는 빈 연구실이 하나 있었는데 아버지께서 그곳의 열쇠를 내주시면서 말씀하셨다.

"이제부터 너는 저쪽 방을 사용하는데 나는 들어가 보지 않을 것이다. 여기서 공부를 하든 누워서 잠을 자든 그것은 네 자유다. 네가 알아서 해라."

아버지는 그렇게 말씀하시고 정말 한 번도 들여다보지 않으셨다. 혼자 놀고 책 보기를 반복하던 어느 날이었다. 그녀는 우연히 아버지의 연구실을 들여다보게 되었다. 살짝 열린 문틈으로 아버지의 모습이 보였다. 그녀는 깜짝 놀랐다. 시험을 앞둔 자신보다 아버지께서 더 열심히 공부하고 계신 것이었다. 그런 아버지의 모습에 왠지 모를 죄송함이 느껴졌다.

휴식다운 휴식을 취하고 서울로 돌아온 그녀는 힘차게 고3 2학기를 시작했다. 다른 친구들은 방학 내내 힘든 공부 스케줄에 지쳐서 어찌할 줄 모르고 있었는데 그녀는 충분한 휴식으로 에너지가 넘쳤다. 신선한 기분으로 처음부터 시작할 수 있었다. 그렇게 끝까지 열심히 달린 결과 그녀는 마침내 자신이 원하던 대학에 합격했다.

> "말할 때도 쉼표를 찍고 한 번 숨을 쉬면 다음에 더 빨리 많이 말할 수 있는 것처럼 인생에도 쉼표와 호흡이 필요하다. 그 호흡이 인생에 없으면 계속해서 달릴 수 없다."
>
> — 인터뷰 중에서

아나운서로서 8년 남짓 되었을 때였다. 다수의 프로그램을 진행할 때였는데 그 무렵 그녀에게도 슬럼프가 찾아왔다. 주7일 근무는 기본이고 집에 가서 씻을 시간도 없었다. 회사에서 대충 씻고 방송에 들어간 적도 있었다. 취미 생활은 물론 친구들을 만날 시간도 없이 바쁘게 달려온 그녀의 마음에 고민이 밀려왔다.

'나는 지금 어디에 있나?'

'매일 무대에서 이야기하고 있지만, 사람들에게 인간 손미나로는 무슨 이야기를 해 줄 수 있지? 대본을 보고 말하는 것 말고, 사람들이 원하는 것을 내가 이야기할 수 있을까?'

그녀는 바쁜 일상에 점점 소진되어 가는 자신을 어떻게 채워야 할지 몰라 고민했다. 회사 서점에 가 매일 한 권씩 책을 사서 읽어봤지만, 독서로도 채워지지 않는 부족함과 공허함이 있었다. 당시 그녀는 아무것도 할 수 없고 소모만 되는 느낌이었다.

그런 그때, 고3 여름 방학이 떠올랐다. '급할수록 한 박자 쉬어가는 것이 시간을 버는 것이다'라는 아버지의 가르침이 생각났다. 그렇게 해서 대학 시절, 자신에게 많은 깨달음을 주었던 나라 스페인으로 떠나게 된다. 텅 빈 자신을 채우기 위해서 말이다.

그녀가 1년간의 휴직과 스페인 유학을 선언했을 때 주변 사람들은 모두 안 된다고 했다. 돌아오면 KBS라는 직장은 그대로 있겠지만, 밑에서 올라오는 후배들로 인해 기존에 서 있던 자리는 없을 것이며 대중들이 손미나를 잊을 수도 있을 것이라 했다.

그녀는 주변의 걱정에도 흔들리지 않았다. 지난 8년 동안 그녀는 누구보다 열심히 살았고 자신의 일과 스스로에게 부끄럽지 않을 만큼 최선을 다해 노력했다. 자기 자리에 대한 자신감이 있었기에 미련 없이 떠날 수 있었다.

스페인으로 떠난 그녀는 바르셀로나 대학교 대학원에서 언론학 석사과정을 마치고 돌아왔다. 돌아온 그녀를 보고 사람들이 입을 모아 한 말이 있다.

"정말 깜짝 놀랐다. 입사했을 때랑 얼굴이 그대로야. 눈빛에 총기와 에너지가 똑같아."

스페인에서의 1년이 다시 그녀를 찾게 해 준 것이다. 그렇게 1년의 시간은 자기를 찾는 데 충분했고 헛되지 않은 결과로 그녀에게 다가왔다.

> "정말 자기 자신을 돌아보고, 자신의 길을 닦기 위해 재충전하는 기간으로 1년을 쉰다면 그것은 후퇴가 아니다. 그것은 마치 10년을 버는 것과 같은 결과를 가져온다."
>
> — 강연 중에서

그녀의 '용기'가 멋진 이유

"손미나 아나운서는 보통 사람들이랑 다른 줄 알았어요. 두려움이 없는 사람인 줄 알았는데……, 꼭 그런 것은 아니었네요. 두렵지만 도전한 사람, 두렵지만 용기 낸 사람이네요."

"맞아. 바로 그거야. 두려운 순간에도 용기를 낼 수 있는 사람이 진짜 용기 있는 사람이지."

손미나의 이야기를 들은 혜진이는 친구들 앞에서 멋진 퍼포먼스를 선보이던 그때의 모습을 떠올리며 뿌듯해 했다.

아무것도 정해지지 않은 길, 보장되지 않은 길을 향해 달려 나가는 과정은 손미나, 그녀에게도 두려움이고 무서움이었다. 그럼에도 밀고 나가 자기만의 무대를 만들고 꿈을 이룰 수 있었던 것은 그녀의 용기 덕분이었다.

'두려운 것이 없는 상태가 아니라 두렵지만 밀고 나가는 것'이 진짜 용기라는 것을 자신의 삶을 통해 보여 주었기에 그녀의 도전과 용기가 진정으로 아름답다.

"1등을 하지 않아도 좋아요. 다양한 것을 두루두루 잘하는 저 같은 사람도 있잖아요? 남들이 정해 놓은 길을 그대로 따라가는 것보다 가슴속 뜨거움이 말하는 대로 한번 따라가 보세요."

– 인터뷰 중에서

"만약 아나운서를 그만두지 않았더라면 어땠을까 하고 가끔씩 생각해 봐요. 남들이 부러워하는 화려한 프로그램을 맡아서 할 수도 있고 지금보다 더 유명해 질 수도 있지만, 대신 지금처럼 세계 곳곳을 다니면서 그곳에서 친구를 만들고 손으로 감촉을 느끼듯이 세상을 만져 보고 체험하며 감동할 수 없었을 것 같아요. 그런 생각을 하면 지금의 선택에 그만한 가치가 있다고 생각해요.

– 인터뷰 중에서

김주하

김주하, 그녀는 고등학교 때 동아리 활동을 하면서 본격적으로 앵커의 꿈을 키웠다. 당시 고등학생이었던 그녀에게 가장 큰 고민은 '어떤 학교, 어떤 학과'에 진학해야 하는지였다. 인터넷도 발달되지 않았고 관련 책도 부족하던 시절이라 정보를 얻기 위해 방송국 인사과에 전화를 걸어 앵커가 되는 방법에 대해 묻기도 했다.

대학교에 입학한 후로는 본격적인 방송사 취업 준비에 들어갔다. 방송사 취업 설명회, 방송사 시험 스터디 모임 등에 빠지지 않았다. 고급 정보를 얻기 위해 방송국 아나운서실에 무작정 전화를 걸어 선배 아나운서들의 현실적인 조언을 구하기도 했다.

적극적인 노력과 스스로 기회를 만드는 실천 덕에 그녀는 방송사 시험을 통과하여 지금의 자리에 서게 되었다. '여대생이 닮고 싶은 인물 1위' '대학생이 가장 선호하는 여성 앵커 1위' 등의 수식어를 가진 김주하의 성공 뒤에는 끈질긴 도전과 적극적인 노력이 있었다.

꿈을 향해 도전하는 길에 기회가 없다고, 막막하다고, 방법이 없다고 포기한 적이 있다면 그녀의 이야기를 들려주고 싶다. 생각이 아닌 행동과 실천으로 기회를 만들어 나가는 그녀의 이야기를……

스무 살
여자라면,
그녀들처럼

:김주하 방송기자, 전앵커

제2회 The Women of Time Award 올해의 여성상

이화여자대학교 과학교육학 학사
MBC 아나운서
MBC 〈뉴스데스크〉 여성 앵커
MBC 보도국 사회부, 경제부, 국제부, 문화부 기자 활동
한국아나운서대상 앵커상
제16회 기독교 문화대상 방송부문상
여성신문 2030 여성 희망리더 20인

《안녕하세요 김주하입니다》
《견디지 않아도 괜찮아》

04

기회는
가만히 앉아서 기다리는 것이 아니라,
찾아 나서는 것입니다

김주하의 '적극성'

"저는 걱정거리가 너무 많아요. 중간고사 결과가 잘 안 나오면 어쩌나 걱정되고, 키가 작아서 농구 실기 시험에서 점수를 못 받을까 봐 걱정이고, 내일 발표 수업 시간에 지목을 받으면 어떡하나 걱정이고, 그때 제대로 발표하지 못하면 어쩌나 걱정되고……. 제가 걱정과 고민이 많은 것은 알겠는데 저도 왜 자꾸 이런 생각이 드는 건지 모르겠어요. (박미희, 18세)

걱정거리가 끝이 없다는 미희의 문제는 불안감이었다. 아직 오지도 않은 미래에 대한 불안감으로 미희의 고민은 마를 날이 없었다. 우리가 하는 대부분의 걱정과 고민은 아직 일어나지 않은 것들이 많다. 막연하게 일어날 가능성이 있다는 생각이 두려움을 만든다. 걱정만 해서는 달라지는 것이 아무것도 없다. 걱정과 고민에서 벗어나고 싶다면 스스로 걱정거리를 몰아내야 한다.

만약 중간고사 성적이 좋지 않게 나온다면 철저하게 준비해 다음 기말고사 때 만회하면 되고, 키가 작아 농구에서 3점슛을 넣는 것이 어렵다면 올바른 자세와 요령을 익혀 넣을 때까지 연습해야 한다. 발표 수업이 걱정이라면 사전에 답변을 준비해 침착하게 대응할 수 있도록 하면 된다. 내일은 누구에게나 처음이다. 낯설고 두렵고 불안한 것이 당연하다. 나는 미희가 보다 적극적으로 상상 속의 걱정을 해결하기 바라면서 김주하 아나운서의 이야기를 들려주기로 했다.

정말 하고 싶은 일을 찾으세요!

아나운서가 되고자 하는 그녀의 꿈은 고등학교 때 가입한 신문반 활동에서 시작되었다. 매달 발행되는 동아리의 신문인 '거울'은 웬만한 고등학교에서 나오는 신문보다 양이 많았고, 많을 때는 36페이지까지 나왔다. 당시 신문반은 한 기수당 4명이었다. 4명이서 기사 주제를 뽑고 취재하고 인터뷰하고 사진 찍고 교정까지 봐야 하니 매번 시간이 모자랐다. 그러다 보니 다음날이 시험인데 교정을 보느라 시간 가는 줄 몰랐고 사진을 찍기 위해 나가기도 했다. 다른 친구들이 늦게까지 공부할 때 그녀는 기사를 썼다.

연합고사에서 전교 10등 안에 드는 성적으로 입학한 그녀였지만, 신문 발행에만 몰두하느라 성적은 점점 떨어질 수밖에 없었다. 어머니는 당장 신문반을 그만두라며 혼을 내셨지만, 그녀에게 신문반은 쉽게 그만둘 수 있는 일이 아니었다.

그렇게 그녀는 고등학교 시절 내내 신문 만들기에 매달려 살았다. 그러다 고등학교 3학년 때 뉴스 제작에 참여하면서 뉴스의 세계에 빠져들었고 기자가 되고 싶어졌다. 기자가 되고 싶어 관련 책들을 찾아보고 뉴스도 매일 챙겨봤다. 그렇게 매일같이 뉴스를 보다 보니 뉴스를 진행하는 앵커가 되고 싶어졌다. 그녀는 앵커가 되고 싶은 마음에 방송국에 전화를 걸어 다음과 같이 물었다.

"저, 앵커가 되려면 어느 학과를 졸업해야 하나요?"

방송국 인사부에서는 앵커는 학과를 보고 뽑는 것이 아니라 시험을 통과하면 누구나 될 수 있다고 친절하게 설명해 주었다. 서울에 있는 한 대학에 입학한 그녀는 2학년이 되던 해, 앵커의 꿈을 위해 보다 구체적인 방법을 알아보았다. 그러던 중 앵커들은 대부분 비슷한 대학교를 나왔고 특히 여성 앵커 중에는 이화여자대학교 출신이 많다는 사실을 알게 되었다. 앵커가 되고 싶은 그녀의 꿈은 너무나도 간절했기에 꿈에 가까이 갈 수 있는 확률을 높이고자 이화여자대학교로의 진학을 결심했다.

당시 이화여자대학교는 편입생을 뽑지 않았기 때문에 입학시험을 다시 치르는 것 외에는 다른 방법이 없었다. 대학교 2학년의 절반이 지난 여름방학 무렵에 입시를 준비하겠다는 그녀의 말에 부모님은 반대하셨다. 그녀 역시 학력고사에서 대학수학능력시험으로 바뀐 제도에 겁이 나기도 했고 부모님의 반대도 완강하셨지만, 앵커가 되기로 결심한 이상 물러설 수 없었다. 결국, '이것만이 자신이 살 길'이라며 부모님을 설득해 죽기 살기로 공부한 결과 마침내 그녀는 이화여자대학교에 합격했다.

그녀의 도전은 이후에도 계속되었다. 앵커가 될 수 있는 가능성을 시험하기 위해 케이블 방송국의 앵커 자리에 지원하기도 했고 남들보다 작은 정보라도 더 얻고자 방송국 아나운서실에 전화를 걸기도 했다. 누구를 통해 알게 되었든 궁금한 것이 있으면 먼저 찾아가서 질문하고 답을 얻었다. 기회가 주어지지 않으면 만들어서라도 자신이 가야 할 길을 걸어갔다.

간혹 상담을 하다 보면 어린 친구들에게서 다음의 질문을 받기도 한다.

"제가 정말 원하는 것이 무엇인지 모르겠어요. 제 꿈은 무엇일까요? 꿈을 찾으려면 어떻게 해야 해요?"

옷을 한 번도 사 보지 않은 사람은 자신이 원하는 것이 무엇인지, 어떤 옷이 잘 어울리는지 모른다. 자신의 스타일에 대해 알지 못한다. 사람에게는 각자의 특성과 선호하는 취향이 있다. 그러니 사람들에게서 정보도 얻고 발품도 팔고 실패도 경험해 봐야 비로소 자신이 어떤 것을 좋아하는지, 어떤 것이 어울리는지 알 수 있다.

꿈도 마찬가지이다. 김주하, 그녀는 신문반과의 인연으로 앵커가 되겠다고 결심했지만, 그녀는 꿈을 위해 끊임없이 자신을 시험했다.

그 꿈이 자신에게 맞는지, 가능성이 있는지를 살피고 끊임없이 노력했기에 진정으로 자기가 원하는 일을 찾게 되었다. 다양한 경험은 자신을 알 수 있는 가장 좋은 방법이다. 자신을 아는 만큼 꿈에 더 가까이 다가갈 수 있다.

> "정말 하고 싶은 일을 찾으세요! 정말 하고 싶은 일을 한다면 쉽게 포기하지 않을 것입니다."
>
> – 인터뷰 중에서

기회는 기다리는 것이 아니라 만드는 것이다

어느 한 마을에 아주 아름다운 여인이 살고 있었다. 얼마나 아름다운지 여러 마을에서 그녀를 보러 올 정도였다. 마을 청년들은 하나같이 '내 생에 저런 미인과 데이트나 한 번 해 봤으면……'하는 마음을 가지고 있었다. 그럼에도 그 마음을 겉으로 표현해 실행에 옮기는 사람은 단 한 명도 없었다. 그러던 어느 날이었다. 한 청년이 용기 내 그녀에게 다가가 정중하게 데이트를 신청했다. 훌륭한 외모도 대단한 능력이 있는 그도 아니었지만 그녀는 그의 용기에 반해 그에게 빠져들었다. 그렇게 둘의 만남은 시작되었고 그는 모두의 부러움을 받으며 그녀를 자신의 여자로 만들었다.

'용기 있는 자가 미인을 얻는다'라는 말이 있다. 미인의 마음을 얻기 위해서는 용기 내 다가가야 한다는 말이다. 물론 그가 미인의 마음을 얻을 수 있었던 것은 용기 때문만은 아니었다. 미리 그녀의 동선을 파악하고 고백을 위해 많은 준비를 했을 것이다.

기회도 마찬가지다. 기회는 알아서 내 품으로 들어오는 것이 아니다. 기회는 적극적으로 찾아 나서고 먼저 용기 있게 다가가는 사람만이 품 안에 넣을 수 있다.

김주하에게도 기회는 쉽게 오지 않았다. 당당함이 몸에 밴 그녀였지만, 아나운서가 되기 위해서는 많은 용기가 필요했다. 한번은 작은 케이블 방송국에 지원했는데 목소리가 좋지 않다는 이유로 낙방했다. 꿈을 이루는데 낮고 굵은 목소리가 큰 걸림돌이 된다고 생각해 계속 앵커의 꿈을 밀고 나가도 되는지 고민이 되었다. 그러던 중 김동건 아나운서의 강연 소식을 알게 되어 참석했다. 그녀는 강연 중 질문의 기회를 잡기 위해 철필통을 천장으로 던져 기회를 잡았다. 그녀가 물었다.

"이 목소리로 아나운서가 될 수 있습니까?"

그녀의 당찬 물음에 김동건 아나운서가 대답했다.

"세상에는 좋은 목소리도 나쁜 목소리도 없습니다. 제 목소리는 좋습니까? 나이가 들수록 자기가 살아온 것이 얼굴에 남듯 목소리도 삶을 담지요. 좋은 목소리는 아닐지라도 그것을 포장할 수는 있습니다."

김동건 아나운서의 대답에 그녀는 자신의 목소리가 걸림돌이 아님을 깨닫고 희망을 가졌다.

강연이 끝나고 학생들은 김동건 아나운서를 보기 위해 구름떼처럼 몰려들었다. 그녀는 아나운서로서 자신의 가능성을 확인해 보고 싶어 떠나려는 그의 옷자락을 붙잡았다. 그가 쳐다보자 그녀는 준비했던 질문을 쏟아 냈다. 그는 그런 그녀에게 방송국에 한번 찾아오라고 했다. 결국, 그녀는 방송국의 삼엄한 경비를 뚫고 들어가 그를 만났고 직접 녹음하고 받아 적은 멘트를 그가 보는 앞에서 연습했다. 가능성이 없다는 소리를 들으면 포기할 참이었는데 뜻밖에도 칭찬은 한 마디도 없었지만, '이 부분을 고치고 다시 해 봐라'는 말에 용기를 얻었다. 이때부터 그녀는 남들보다 작은 정보라도 더 얻기 위해 방송국 아나운서실에 무작정 전화를 걸었다. 방송국에 아는 사람은 아무도 없었지만, '선배'라는 이름의 끈을 무기로 같은 학교를 졸업한 아나운서들과의 통화를 시도했다.

> "기회는 만드는 자의 것입니다. 기회를 스스로 만드는 사람이 성공하는 사람이죠. '나에게는 기회가 없었습니다'라고 말하는 사람도 있지만, 그 기회는 분명 직접 찾아야 합니다."
>
> – 인터뷰 중에서

기회는 이 세상 어느 미인보다 더 도도하다. 쉽게 마음의 문을 열지 않는다. 기회를 나만의 연인으로 만들기 위해서는 눈으로만 보지 말고, 갖고 싶다는 생각만 하지 말고, 속으로 소원만 빌지 말고, 잡기 위해 손을 뻗어야 한다. 신발 신고 달려 나가서 그의 앞에 서야 한다. 비록 한 번에 넘어오지 않더라도 말이다.

지금 이 순간에 최선을 다해야 후회가 없다

중간고사가 끝나고 성적이 나오는 날 드는 생각이다.

'아, 조금만 덜 자고 밤새서 공부할 걸……'

신나는 여름방학이 끝나고 드는 생각이다.

'아, 여름방학에 뭐라도 제대로 하나 해서 완성해 볼 걸……'

한 달이 지나고 한 학기가 지나고 한 해가 지나갈 때마다 우리는 후회를 반복한다. 지나간 시간들을 돌이켜 보면 실패해서 부끄러운 기억보다 그 순간 할 수 있는 최선을 다하지 않았던 기억이 우리를 더 고통스럽게 한다. 매 순간 최선을 다하는 그녀였지만, 처음부터 그랬던 것은 아니다.

다음은 그녀가 말하는 자신에 대한 솔직한 평가이다.

"저는 정말 게으른 사람입니다. 비 오는 날 만화책 쌓아 놓고 짬뽕 시켜 먹는 것이 취미에요. 공부하는 것도 굉장히 싫어합니다. 그래서 시험 기간에 고생 안 하려고 수업 시간에 정말 최선을 다해서 수업을 들었습니다. 시간에 쫓기지 않으면 공부나 일을 무한정 미룹니다. 이런 제 문제를 해결하기 위해 선택한 방법이 바로 시간 계획표 짜기였습니다. 남은 시간이 있으면 빈둥거리는 자신을 알기 때문에 일부러 시간표를 빽빽하게 채웠습니다. 절대 빈둥거릴 수 없게 말입니다. 대학 때 학비와 생활비를 벌기 위해 세 가지의 아르바이트를 했습니다. 성적이 떨어져 장학금을 받지 못해 아르바이트 하나를 그만뒀더니 성적이 더 떨어졌습니다. 대학 때 언론고시 준비를 위해 스터디를 시작했는데 또 미루게 되어 스터디를 하나 더 늘렸더니 더 잘하게 되었습니다."

그녀의 학창 시절에도 후회의 순간들이 있었다. 단지 그녀는 후회 속에서 자신을 제대로 파악할 수 있었고 이를 개선해 최선을 다하려고 노력했다.

> "후회하지 않으려고 한다. 그래야만 한층 현실에 충실할 수 있다고 생각하기 때문이다. 다시 그런 순간이 와도 '그렇게 할 수밖에 없었다, 그것이 최선이었다'라고 말할 수 있을 행동을 해야 한다고 나는 믿는다."
>
> 《견디지 않아도 괜찮아》 중에서

최선을 다하는 그녀의 노력은 연습으로 이어졌다. 인터넷에 뉴스 기사나 원고를 검색하면 쉽게 찾을 수 있는 요즘과는 달리 예전에는 뉴스 원고를 구하기가 너무나도 어려웠다. 그녀는 아카데미에 다닐 형편도 되지 않았고 원고를 구할 방법도 없어 직접 뉴스 대본을 만들었다. 텔레비전의 스피커에 커다란 카세트 녹음기를 갖다 놓고 뉴스를 녹음했다. 내용은 신문으로 다 읽어 봤기에 모르는 단어는 없었다. 녹음한 내용을 듣고 원고를 받아 적는 식이었는데 녹음 테이프를 30번 이상 돌려 듣기를 반복해야 겨우 원고 하나를 완성할 수 있었다. 그렇게 그녀는 자신만의 기사를 만들어 직접 녹음하고 들으면서 원본과 비교하는 노력을 매일 반복했다.

> "한번 시작하면 굉장히 노력하는 편이에요. 제가 '하겠다'라고 결정한 일에는 최선을 다해요. 실패를 해도 후회가 남지 않도록 말이에요."
>
> — 인터뷰 중에서

최선을 다한 하루가 모여야 현재에 후회가 없다. 어제를 후회하면 오늘을 제대로 보낼 수 없고 만족스러운 내일도 없다. 지금 이 순간 자신이 할 수 있는 일에 최선을 다해야 다가올 내일, 또 다른 현재에 충실할 수 있다.

고난은 사람을 강하게 만든다

우리는 어떤 일에 실패하거나 생각대로 잘 풀리지 않을 때, 종종 주변 환경을 탓한다. '뭐는 이래서 안됐고, 뭐는 저래서 또 안됐고'라며 실패의 이유를 외부 탓으로 돌리는 이들에게 아주 좋은 말이 있다.

>집안이 나쁘다고 탓하지 마라.
>나는 아홉 살 때 아버지를 잃고 마을에서 쫓겨났다.
>가난하다고 말하지 마라.
>나는 들쥐를 잡아먹으며 연명했고 목숨을 건 전쟁이 내 직업이고 일이었다.
>작은 나라에서 태어났다고 말하지 마라.
>그림자 말고는 친구도 없고 병사로만 10만, 백성은 어린아이, 노인까지 합쳐 2백만 명도 되지 않았다.
>배운 것이 없다고 힘이 없다고 탓하지 마라.
>나는 내 이름도 쓸 줄 몰랐으나
>남의 말에 귀 기울이면서 현명해지는 법을 배웠다.
>너무 막막하다고 그래서 포기해야겠다고 말하지 마라.
>나는 목에 칼을 쓰고도 탈출했고
>뺨에 화살을 맞고 죽었다 살아나기도 했다.
>
>적은 밖에 있는 것이 아니라 내 안에 있었다.
>나는 내게 거추장스러운 것은 깡그리 쓸어버렸다.

나를 극복하는 순간, 나는 칭기즈칸이 되었다.

　몽골 제국의 창시자인 칭기즈칸이 아들에게 쓴 편지다. 모든 문제의 이유와 답은 밖에 있는 것이 아니라 내 안에 존재한다. 실패한 이유를 찾아 핑계대며 타협하지 말고 어떤 방법으로 극복해 나갈 것인지 자기 안에서 방법을 찾아야 한다.

　김주하, 그녀에게도 항상 좋은 환경만 주어졌던 것은 아니었다. 집값이 300만원 하던 시절, 그녀의 아버지는 사업을 하셨는데 동업자의 배신으로 5,000만 원을 날리셨다. 2층 집에 살던 그녀의 가족은 한순간에 옥탑방의 단칸방으로 이사 가게 되었다. 그럼에도 그녀는 변해버린 주변 환경을 원망하기 보다는 구체적으로 자신의 꿈을 상상하며 미래를 그렸다. 그녀는 부모님이 나가시면 동생과 함께 아파트 광고 전단지를 주워 와서 미래에 어떤 집에서 살지, 그 집에는 어떤 가구가 어울릴지 등을 구체적으로 상상했다.

　김주하 그녀가 그린 그림은 상상 속의 희망이 아니었다. 그녀는 그 그림을 볼 때마다 에너지가 솟았고 반드시 꿈을 이루겠다는 의지가 발동했다. 어릴 적의 힘든 환경은 시련이 되어 고통을 주기보다 오히려 사람을 강하게 만들어 준다는 것을 경험한 그녀는 말한다.

　"여러분은 지금 힘들다고 생각하시나요? 그렇다면 감사하

셔야 합니다. 집안이 나쁘고 돈이 없어 자신 없다는 말은 하지 마세요. 고난을 이기면 고난이 축복이 됩니다. 나는 고난이 있었음에 감사합니다.

　고난을 이기면 강한 풀무불이 되니까."

— 강연 중에서

무엇이 되고 싶으면
그 과정도 꼭 찾아봐라

화면 속의 화려하고 카리스마 있는 모습에 많은 사람들이 아나운서, 앵커의 직업에 매력을 느낀다. 그들의 당당하고 멋진 모습 뒤에는 긴장되고 숨 막히는 순간들이 있다. 방송 분량은 짧지만, 만드는 데 엄청난 시간과 노력이 필요하다. 20분이 안 되는 뉴스를 진행하기 위해서 9시간 전부터 준비해야 하며 3분이 안 되는 기사 한 편을 취재하기 위해 새벽부터 경찰서를 뛰어다녀야 한다.

김주하는 뉴스에 영향력을 주는 앵커가 되고 싶었다. 그래서 앵커라면 누구나 꿈꾸는 9시 뉴스를 포기하고 수습기자가 되는 것을 선택했다. 수습 기자가 된 그녀의 하루는 새벽 4시부터 6시까지 경찰서 4곳을 돌며 취재 거리를 상부에 보고하는 것으로 시작됐다. 그녀는 그 생활을 1년 동안 반복했고 중간에 빠지는 날이 있으면 주말에 나와 야근했다. 아픈 몸을 이끌고서라도 일하는 모습을 보이며 회사에서 인정받는 기자가 되기 위해 애썼다. 쓰러질 만큼 죽도록 노력한 끝에, 결국 그녀는 기자로서의 자격에 대한 믿음과 동료들의 인정을 받을 수 있었다. 기자로 전직하겠다고 했을 때, 동료와 후배 기자들의 시기와 견제도 있었지만, 최선을 다하는 그녀의 모습과 노력에 동료들에게도 인정과 신뢰를 받았다.

"여자라는 이름을 앞세워 당장이 편안하다면 그렇게 해도 좋다. 하지만 그것은 후배에게 선배들이 어렵게 닦아 놓은 길을 막아 버리는 행위나 마찬가지다. 내 딸에게, 내 후배에게 자랑스러운 여성이, 아니 자랑스러운 사람이 되고 싶다면 당장의 안위보다는 힘들어도 여성이 아닌 한 사람으로서 일을 해야 한다. 그리고 이제 맡은 바 일을 잘하는 것은 당연한 시대가 됐다."

《안녕하세요 김주하입니다》

"내가 하고자 하는 그 일은 보이는 것 이외에 뒤에서 해야 하는 일이 많습니다. 그 과정까지 사랑할 수 있는 일을 찾는 것이 중요합니다."

− 인터뷰 중에서

많은 사람들이 방송에서 보이는 짧은 순간만을 기억하고 동경하며 아나운서와 앵커가 되기를 꿈꾼다. 그들의 화려함 뒤에는 우리 눈에 보이지 않는 노력과 고충이 있다. 어떤 일이든 좋고 편하기만 한 것은 없다. 겉으로 보이는 모습 뒤에는 일의 어려움과 고충이 있기 마련이다. 그 일의 어려움과 과정까지 사랑할 수 있는 그녀이기에, 우리 사회의 이면을 세상에 알리고 객관적으로 조명하기 위해 열심히 뛰는 그녀가 참으로 멋지다.

> "김주하에게 거는 기대가 큰 것은 그의 어깨에 많은 후배 여성들의 미래가 걸려 있기 때문이다. 여성의 벽, 직종 간의 벽, 출산의 벽 등 많은 장애를 넘은 김주하가 이 땅의 여성들에게 준 힘과 격려는 몇 마디 말로 풀어 내기가 쉽지 않다. 타고난 미모와 재능으로 거저 얻었을 것처럼 보이는 김주하의 성취 뒤에는 그러나 끈질긴 도전이 있었다."
>
> – 《멘토의 멘토》 중에서

그녀의 '적극성'이 멋진 이유

"이제야 제가 걱정이 많은 이유를 알겠어요. 저는 걱정이 많았지만, 정작 아무것도 하지 않았어요. 그것이 가장 큰 문제였던 것 같아요. 뭐라도 했으면, 걱정이 한 가지는 줄었을 텐데……. 저는 걱정하는 데만 온통 제 시간을 썼던 것 같아요."

우리는 일어나지 않은 일에 대해 불안해하고 두려워한다. 불안은 일어난 일이 아니라 내가 지어낸 환상일 뿐이다. 불안에서 벗어나려면 지금 당장 손과 발을 움직이자. 적극적인 행동만이 걱정과 불안으로부터 나를 지키는 최고의 보호막이다.

'여대생이 닮고 싶은 인물 1위' '대학생이 가장 선호하는 여성앵커 1위' 등의 수식어를 가진 그녀의 성취 뒤에는 끈질긴 도전과 적극적인 노력이 있었다. 노력 끝에 자신이 가장 하고 싶고 잘 할 수 있는 일을 찾은 그녀의 적극성이 멋지다.

> "사람에게는 하고 싶은 일이 있고, 할 수 있는 일이 있으며, 잘하는 일이 있다. 이 세 가지가 모두 일치하는 사람을 우리는 복 받은 사람이라고 부른다. 단 두 가지만 일치하더라도 부러움의 대상이 된다. 그도 그럴 것이 우리는 내가 어떤 일을 가장 좋아하는지조차 잘 모르고 살 때가 많기 때문이다. 이런 관점에서 난 정말 복 받은 사람이다. 일을 잘하는지는 잘 모르겠지만 내가 하고 싶은 일, 뉴스를 맡고 있기 때문이다."
>
> - 《안녕하세요 김주하입니다》 중에서

김연아

김연아, 그녀는 일곱 살 때 부모님과 찾은 스케이트장에서 처음으로 스케이트를 탔다. 처음 타 본 스케이트였지만, 얼음판 위를 달리는 기분은 너무나 즐겁고 행복했다. 부모님은 운동 삼아 배울 것을 권유하며 그녀를 방학 특강반에 등록시켰고 그녀의 스케이팅은 그렇게 시작되었다.

그녀는 초등학교 1학년 때 가족들과 찾은 올림픽공원에서 아이스 쇼를 본 뒤 멋진 피겨 선수가 되겠다는 꿈을 정했다. 이후로 스케이트는 그녀의 머릿속에서 한시도 떠나지 않았다.

그녀는 12살 이전에 다섯 가지 트리플 점프를 모두 완성하고 14살에 최연소 국가대표로 발탁되었다. 때로는 너무 힘들어 꿈을 포기하고 주저앉고 싶은 순간도 있었지만, 자신과의 싸움에서 이기기 위해 끊임없이 노력했다.

그 결과, 마침내 그녀는 대한민국을 대표하는 선수를 넘어 세계적인 피겨 선수, '피겨의 전설'이 되었다.

도전하는 과정에 있어 '이정도면 됐어' '이만큼 했는데 안 되면 여기서 그만하자' '나는 충분히 했지만 이것이 한계인가 봐'라며 'STOP'을 외친 적 있다면 김연아, 그녀의 이야기를 들려주고 싶다. 끊임없이 마주하게 되는 자신의 한계를 넘기 위해 외로운 싸움을 계속하며 노력한 그녀의 이야기를…….

스무 살
여자라면,
그녀들처럼

:김연아 스케이트선수

고려대학교 체육교육학 학사

2014 소치 올림픽 2위
2013 런던 세계선수권대회 1위
2011 모스크바 세계선수권대회 2위
2010 밴쿠버 올림픽 1위
2010 토리노 세계선수권대회 2위
2009 로스엔젤레스 세계선수권대회 1위
2008 예테보리 세계선수권대회 3위
2007 도쿄 세계선수권대회 3위

《김연아의 7분 드라마》
《김연아처럼》

5장의 본문에서 인용 출처 표기가 없는 내용은《김연아의 7분 드라마》에서 부분 발췌한 것입니다.

05

중요한 것은 할 수 있다는 믿음을 갖고, 한 번 더 도전해 보는 것이다

김연아의 '노력'

"우와! 기적이에요. 대박이에요. 이것 좀 보세요. 저 체육 실기가 전체 A이고 성적표에는 '수'가 나왔어요. 믿을 수가 없어요. 정말 이런 날이 오다니." (이수민, 17세)

초등학교 때부터 중학교 때까지 수민이에게 체육 시간은 항상 고문이었다. 체육 실기는 항상 'C' 아니면 'D'를 받기 일쑤였다. 운동을 워낙 못하는 탓에 자신은 운동에 소질이 없다고 생각해 체육 시간만 되면 항상 자신감이 없고 무기력했었다. 그랬던 수민이가 고등학교에 진학 후 좋아하게 된 체육 선생님 때문에 이렇게 놀라운 결과를 얻게 된 것이다.

"산으로 소풍을 갔는데 맨 앞에 올라가는 남자분이 계셨어요. 뒤를 돌아보면서 웃으시는데 선글라스 낀 모습도, 웃는 모습도 너무 멋있었어요. 처음에는 산행 가이드하시는 분인 줄 알았는데 알고 보니 학교 체육 선생님이셨어요. 저희 학년을 직접 가르치시지는 않았지만, 그 선생님이 담당하시는 과목이 체육이라는 이유 하나만으로 그냥 열심히 하게 됐어요. 사랑의 힘은 정말 위대한 것 같아요."

"잘했어. 사랑의 힘도 대단하지만, 수민이의 노력이 더 대단한데?"

"정말 그런 것 같아요. 제가 원래 운동을 못하는 애가 아니었나 봐요. 그동안 저는 노력하지 않았을 뿐이었어요. 노력하니까 이렇게 해냈잖아요."

좋아하는 선생님에게 칭찬받고 잘 보이고 싶은 마음에 시작된 노력이 수민이에게 엄청난 깨달음을 주었다. 수민이는 이를 통해 '노력의 힘'을 경험하게 되었다. 노력의 힘을 깨달은 수민이에게 '노력해서 안 되는 것은 없다'라는 용기와 희망을 선물해 주고 싶어 피겨의 여왕 김연아 선수의 이야기를 들려주기로 했다.

차가운 빙판 위에서
재능을 발견하다

그녀는 일곱 살 때 부모님과 함께 찾은 실내 스케이트장에서 스케이트를 처음 타게 되었다. 그녀의 부모님은 어려서부터 자신들이 즐겨 타던 스케이트에 대한 추억을 아이들에게도 알려주고 싶으셨다. 어린 연아와 그녀의 언니는 처음 타 본 스케이트였지만, 무척이나 재미있게 탔다. 그녀의 어머니는 운동 삼아 시켜 보자는 생각에 방학 특강반에 정식으로 그녀를 등록시켰다. 그녀는 스케이트를 타는 것을 무척 좋아했다. 피아노와 바이올린도 배우고 그림도 그리고 발레도 해 봤지만, 스케이트를 신고 빙판 위를 다닐 때처럼 즐겁지는 않았다.

그녀는 초등학교 1학년 때 가족들과 함께 찾은 올림픽 공원에서 아이스 쇼 '알라딘'을 보고 '멋진 피겨 선수가 되겠다'라는 꿈을 꾸었다. 그날 밤, 일기에도 열심히 해서 꼭 피겨 선수가 되겠다고 적으며 굳게 다짐했다.

어느 날, 어머니께서 취미 삼아 보라며 1998년 나가노 동계 올림픽 피겨 스케이팅 비디오테이프를 사주셨는데 영상 속에는 '여자 피겨 스케이팅의 전설'로 불리는 미셸 콴의 연기가 담겨 있었다. 그녀는 영상을 보며 다짐했다.

'나도 반드시 미셸 콴처럼 사람들에게 감동을 선사하는 멋진 선

수가 될 거야!'

그때부터 그녀는 틈나는 대로 비디오테이프를 반복해 돌려 보면서 따라 하기 시작했다. 몸은 마음대로 움직여 주지 않았지만, 표정만큼은 사뭇 진지했고 온몸이 땀에 젖을 정도로 미셸 콴의 경기를 흉내 냈다.

스케이트 강습을 받고 있던 어느 날이었다. 그녀의 어머니는 코치로부터 어린 연아의 특별한 재능에 대해 듣게 되었다.

"어머님, 연아가 피겨에 재능이 있어요. 점프력이 좋아서 한번 점프하면 그 감각을 놓치지 않고 오래도록 기억해요. 제가 지켜본 바로는 선수로 키워볼 만한데, 혹시 그럴 생각이 있으신지요?"

뜻밖의 말에 어머니는 아무런 말도 할 수 없었다. 재능이 있다는 사실에 기쁘기도 했지만, 돈이 많이 드는 종목인지라 넉넉하지 않은 형편에 계속해서 밀어 줄 수 있을지 걱정이 되었기 때문이다. 결국, 그녀의 장래를 생각해 재능을 밀어주기로 결심하셨다. 그때부터 그녀는 본격적으로 피겨 스케이팅 선수가 되기 위해 달려갔다.

그녀는 12살 이전에 다섯 가지 트리플 점프를 모두 완성하고 14살에 최연소 국가 대표로 발탁되었다. 그녀는 빙판 위에서 수없이 엉덩방아를 찧었다. 혹독한 훈련으로 인해 흘린 땀만큼이나 많은 눈물을 흘려야 했다. 너무 힘들어 주저앉아 포기하고 싶은 순간도 있었지만, 자신과의 싸움을 이겨내기 위해 끊임없이 노력했다. 그 결과 마침내 그랑프리 파이널 대회 3회 우승, 4대륙 선수권 대회 우승, 세계선수권 대회 우승의 영광을 맛볼 수 있었다.

재능은 무언가를 미치도록 좋아하고 즐기는 것에서부터 시작된다. 좋아하기 때문에 함께 하고 싶고 한순간도 그 옆을 떠날 수 없는 마음이 바로 재능의 출발점이다. 사전에서는 재능을 '어떤 일을 하는데 필요한 재주와 능력'이라고 정의하지만, 나는 다르게 정의하고 싶다. 재능은 '어떤 일을 하는데 본능적으로 좋아하며 거기에 미칠 수 있는 능력'이라고…….

사람들은 재능이라는 단어를 아주 거창하게 생각한다. 태어날 때부터 혹은 유전적으로 타고난 기질을 물려받아 무엇을 경험하는 것과 동시에 능력을 나타내는 것이라고 생각한다. 재능의 출발은 무언가를 미치도록 좋아하고 즐기는 데서 시작된다. 미치고 즐길 수 있는 일, 바로 그것이 재능을 찾는 길임을 잊지 말아야 한다.

성공한 사람에게는 롤 모델이 있다

자신의 분야에서 성공한 사람들에게는 공통점이 있다. 이루고자 하는 목표가 분명했다는 것과 롤 모델을 쫓아 앞으로 나갔다는 것이다. 피겨의 불모지에서 지금의 기적을 만든 그녀에게도 롤 모델이 있었다. 바로 피겨의 전설 미셸 콴이다.

그녀는 미셸 콴의 연기를 보며 다짐했다.

'나도 반드시 미셸 콴처럼 사람들에게 감동을 선사하는 멋진 선수가 될 거야!'

이후 그녀는 비디오테이프를 반복해 보면서 온몸이 땀에 젖을 정도로 미셸 콴의 경기를 따라 했다. 레슨이 없는 날에는 함께 운동하는 친구들과 '동계 올림픽 놀이'를 했다. 이때 모두들 자신이 좋아하는 선수를 정해서 따라 했는데 그때도 그녀는 어김없이 미셸 콴을 따라 했다. 마치 미셸 콴 선수가 된 듯 링크 한가운데로 나와 관객들의 뜨거운 박수에 미소로 답하고는 경기가 시작되기를 기다렸다. 음악이 흐르자 미셸 콴처럼 음악에 맞춰 우아하면서도 강렬한 연기를 펼쳐 보였다.

반복되는 연습으로 힘든 적도 있었지만, 조금씩 발전해 갔다. 그녀는 자신이 그리던 목표에 다가가는 기쁨을 미셸 콴을 통해 느꼈다.

"공부든, 운동이든, 어릴 때부터 나만의 모델을 갖는 게 큰 도움이 되는 것 같아요. 연습으로 힘든 시간을 보내다가도 목표에 다다르면 더욱 큰 보람을 느끼거든요."

- 인터뷰 중에서

처음 가 보는 길은 누구나 어렵다. 스스로 길을 찾고 안전을 확인하며 가야 하기 때문에 위험과 시행착오를 감수해야 한다. 하지만 누군가가 먼저 개척해서 발자국을 남겨 놓았다면 이야기는 달라진다. 시행착오를 최소로 줄이고 정상까지 쉽고 빠르게 갈 수 있다. 롤 모델은 꿈과 목표로 향하는 데 필요한 길잡이와 같은 역할을 한다.

김연아가 '나는 멋진 피겨선수가 될 거야'라고만 생각했다면 지금의 그녀는 없었을 것이다. '나는 미셸 콴 같은 멋진 피겨 선수가 될 거야'라는 구체적인 목표를 가지고 열심히 그녀의 뒤를 따라 갔기 때문에 지금의 김연아가 될 수 있었다.

롤 모델이 있다는 것은 막연히 꾸는 꿈과 목표가 아니라는 증거이다. 무엇에 도전해서 어떻게 이룰 것인지 구체적으로 생각해 봤다는 증거이다. 막연하고 멀게만 느껴지는 꿈과 목표에 가까이 갈 수 있도록 도와주는 것이 바로 롤 모델이다. 꿈과 목표를 가졌다면 자신과 같은 길을 걸어간 롤 모델의 역사를 벤치마킹하여 구체적으로 꿈꾸어야 한다.

"아무것도 모르던 어린 시절에도 나는 미셸 콴 선수에게 빠져들었다. 그녀는 당시 나가노 올림픽 금메달리스트도 아니었다. 일등만 기억하는 스포츠계에서 오랫동안 사랑을 받아 온 그녀는 분명 특별한 존재다. 내 생각에 그 이유는, 보는 사람을 감동시키는 오직 그녀만이 보여 줄 수 있는 연기와 피겨에 대한 뜨거운 열정 때문인 것 같다. 그녀의 연기에서 느꼈던 감동이 피겨에 대한 내 꿈을 키웠듯이, 10년 후의 나 또한 내가 받았던 그 감동을 더 많은 이들에게 전파하기 위해 같은 일을 하고 있지 않을까."

포기하고 싶은
1분을 참아 내야 한다

김연아는 지독한 연습 벌레로 알려져 있다. 처음 스케이트를 배울 때부터 코치가 지도하는 정석대로 자세를 몸에 익혔다. 연습할 때조차 실전과 같은 각도를 유지했고 어떻게 하면 각도를 조금 더 낼 수 있을까 고민하며 노력했다.

코치의 열성적인 지도 아래 초등학교 1학년 때, 그녀는 처음으로 점프를 시작했다. 처음에는 반 바퀴 도는 것부터 몸에 익혔다. 그리고 1회전, 1회전 반, 2회전, 2회전 반, 3회전으로 점점 난이도를 높여 갔다. 초등학교 2학년 때는 2회전 점프를 완성했고 2학년 말부터 2회전 반 점프를 연습해서 4학년 때 2회전 반 점프를 완성했다. 그 결과 12살 이전에 피겨의 다섯 가지 트리플 점프를 모두 완성했다.

12살 이후로는 이차 성징이 시작되기 때문에 골격도 커지고 체력이 저하되어 새로운 기술을 익히고 시도하는 데 무리가 따른다. 그녀는 피겨에 대한 열정과 노력으로 모든 점프 동작을 해냈다.

그녀는 휴일을 제외하고 한 해 300일 이상, 빙판에서는 하루 30여 차례에 달하는 점프 훈련을 했다. 훈련하는 과정에서 수도 없이 넘어지며 빙판 위에 주저앉아 울기도 수차례였다. 혹독한 훈련으로 몸은 지쳤고 통증으로 인해 그만 두고 싶은 수간들이 하루에도 몇 번씩 있었다.

자신을 넘어서야 하는 훈련은 무척 고통스러웠다. 그럼에도 그녀는 포기하고 싶은 순간이 올 때마다 일어서고 또 일어섰다. 부상과 통증으로 몸이 힘들면 재활 치료를 받으며 연습했다. 넘어지면 다시 일어나서 연습했다. 아무리 넘어뜨려도 다시 일어서는 오뚝이처럼 쓰러지면 다시 일어섰다.

그녀는 2008년 스웨덴 세계 피겨스케이팅 선수권 대회를 앞두고 고관절에 부상을 입었다. 왼쪽 고관절 부위의 통증으로 4대륙 대회 출전은 포기해야만 했다. 그동안 해 왔던 노력을 발휘하지 못하는 것이 무척 안타까웠지만, 마냥 슬퍼만 할 수 없었다. 그녀는 세계 피겨스케이팅 선수권 대회를 위해 재활 치료와 웨이트 트레이닝을 하며 밤낮 없이 훈련했다.

연습 시간도 부족하고 환경에 제약이 있는 등 많은 악재가 있었지만, 그녀는 경기 전 진통제까지 맞는 투혼을 발휘하며 동메달을 땄다. 대회를 준비할 때는 금메달을 목표로 했지만, 부상에도 불구하고 그녀가 따낸 동메달은 순위에 관계없이 값진 노력의 결과였다. 지금의 자리에 서기까지, 그녀에게도 수없이 포기하고 싶은 순간들이 있었다. 그런 순간이 올 때마다 그녀는 생각했다.

'지금 멈추면 안 된다. 여기서 한 번만 더 해 보자. 한 번만 더 다시 하자.'

그녀는 끊임없이 '한 번 더'를 외치며 자신과의 싸움에서 물러서지 않았다.

만족은 도전보다 달콤하다. 만족 뒤에는 휴식도 있고 고통스러운 연습을 하지 않아도 되기 때문에 편안하다. 반대로 도전에는 예상치 못한 반전과 뿌듯함이 있다.

도전을 시작하면 앞이 보이지 않는 캄캄함의 연속이지만, 그 터널을 지나면 따뜻하고 아름다운 한 줄기 빛을 만날 수 있다. 도전으로 힘들고 지칠 때 한번만, 1분만 더 노력한다면 우리는 그 빛에 한 걸음 더 가까이 다가갈 수 있을 것이다.

> "훈련을 하다 보면 늘 한계가 온다. 근육이 터져 버릴 것 같은 순간, 숨이 턱까지 차오르는 순간, 주저앉아 버리고 싶은 순간… 이런 순간이 오면 가슴속에서 뭔가가 말을 걸어온다. '이 정도면 됐어', '다음에 하자', '충분해'하는 속삭임이 들린

다. 이런 유혹에 문득 포기해 버리고 싶을 때도 있었다. 하지만 이때 포기하면 안 한 것과 다를 바 없다. 99도까지 열심히 온도를 올려놓아도 마지막 1도를 넘기지 못하면 영원히 물은 끓지 않는다고 한다. 물을 끓이는 건 마지막 1도, 포기하고 싶은 바로 그 1분을 참아내는 것이다. 이 순간을 넘어야 그 다음 문이 열린다. 그래야 내가 원하는 세상으로 갈 수 있다."

"훈련을 하면서 그 수를 헤아릴 수 없을 만큼 엉덩방아를 찧었고, 얼음판 위에 주저앉아 수도 없이 눈물을 흘렸다. 하지만 그런 고통이 있었기에 지금의 자리까지 한 걸음 한 걸음 올라설 수 있었을 것이다. 앞으로 내가 스케이터로 살아가면서 또 어떤 어려움을 만나게 될지 모르지만, 분명 그 뒤에는 기쁨의 눈물을 흘리는 순간들이 있을 것이라 생각한다."

"나는 스케이터다. 또래 친구들이 '학생'이라고 불릴 때, 나는 '피겨 스케이터'라는 또 하나의 이름을 가지고 있었다. 사람들은 이렇게 말한다. 아직 자기가 무엇이 되고 싶은지조차 모르는 아이들에 비해 얼마나 행복한 일이냐고. 꿈이 있다는 건 행복한 일이다. 하지만 그 꿈을 이루기 위해 얼마나 독하게 나를 단련해 왔는지를 떠올려 보면 매 순간 행복할 수만은 없었다."

자기를 다스리는 힘

전쟁터에 가는 군사의 필수품은 창과 방패이다. 창은 적을 무찌를 수 있는 도구이고 방패는 적의 공격으로부터 자신을 보호하는 장비이다. 창이 목표물을 향해 공격하는 도구라면, 방패는 외부의 수많은 공격과 위험으로부터 보호하는 도구이다.

김연아, 그녀의 경기에도 창과 방패가 존재한다. 혹독한 연습과 노력 끝에 만들어진 무대와 기술력이 창이라면 주변의 시선과 분위기로부터 자신을 지키는 힘은 방패이다. 두 가지가 균형을 이루지 못하고 어느 한 쪽이라도 무너지게 된다면 그동안 힘들게 준비해 온 것을 제대로 발휘하지 못하게 된다. 그녀는 기술도 뛰어나지만, 자신을 조절하는 능력 또한 뛰어났다.

무대 위에서 그녀의 표정은 무척이나 여유로워 보인다. 자기 자신과의 싸움에서 승리한 사람만이 지을 수 있는 대범하고도 자신감 넘치는 표정으로 무대를 장악한다.

선수들은 보통 시합 당일 아침의 연습장에서 마지막으로 자신의 무대를 점검한다. 이때 연습장에는 공기마저 얼어붙을 정도의 긴장감이 감돈다. 선수들의 표정 하나로 그날의 컨디션과 경기 성적이 가늠되는데, 그 예상은 거의 빗나가는 법이 없다고 할 정도로 정확하다. 선수들의 표정에서 자신감 혹은 불안감이 그대로 드러나는 것이다.

실제로 연습장에서 자신감이 넘치는 선수는 좋은 점수를 얻는 반면 바짝 주눅 들어 있던 선수는 그동안 자신이 준비한 기술을 마음껏 뽐내지 못하고 넘어지는 등 안타까운 실수를 하게 된다. 그만큼 선수들에게는 자신감과 마인드 컨트롤이 중요하다. 할 수 있다는 믿음을 바탕으로 자신을 다독이며 뇌를 속이는 마인드 컨트롤이 필요하다. 그녀의 어머니는 그녀에게 항상 다음과 같이 말씀하셨다.

"연아야, 당당하게 허리 피고 어깨 펴고 다녀."

"가장자리로 다니지 말고 가운데로 다녀."

"다른 선수들과 시선이 마주치더라도 피하지 말고 그냥 똑바로 쳐다봐."

"기 싸움에서 지면 안 돼. 초반에 기선을 잡아야 해."

피겨 경기는 정해진 시간 안에 보여 주는 모든 기술들의 점수를 합산해 승패가 갈린다. 실수를 하더라도 재빨리 마음을 다잡고 곧장 이어지는 기술에서 좋은 점수를 얻어야 높은 점수를 획득할 수 있다. 아무리 뛰어난 기술력을 가진 선수라고 해도 자신을 누르는 무거운 중압감을 이기지 못한다면 결코 최고의 무대를 선보일 수 없다.

그동안 그녀는 수많은 국제 무대에서 훌륭한 연기를 보여 주었다. 한 번의 대회를 위해서 수개월 혹은 수년을 연습하고 노력했기에 그녀 역시 한 번의 실수로 결실을 맺지 못하면 어쩌나 하는 두려움과 걱정이 들었다. 그럼에도 그녀가 자신의 기량을 모두 발휘하며 최상의 무대를 만들 수 있었던 것은 바로 마인드 컨트롤에서 오는 자신감 때문이었다.

"'최고'와 '완벽'에 도전하지만 늘 성공률 100퍼센트를 유지할 수는 없다. 인간은 기계가 아니니까. 나도 그 사실을 너무나 잘 알기 때문에 늘 완벽하기를 바라지는 않는다. 다만 완벽에 가까워지려고 노력할 뿐이다. 중요한 것은 성공하느냐 실패하느냐가 아니라, 실패했을 때 다시 일어설 수 있느냐다. 할 수 있다는 믿음을 갖고, 한 번 더 도전해 보는 것! 그게 가장 중요하다."

"내가 부당한 점수 때문에 흔들려서 스케이팅을 망쳤다면, 그것이야말로 나 스스로 지는 결과가 아니었을까. 나에게 닥친 시련을 내가 극복하지 못했다면, 결국 내가 패하기를 바라는 어떤 힘에 스스로 무릎을 꿇는 결과가 되지 않았을까."

나는 오늘의 나를 넘어선다

많은 사람들이 그녀의 라이벌로 '아사다 마오'를 언급한다. 처음에는 아사다 마오를 비롯한 모든 선수들이 그녀의 라이벌이었고 미셸 콴과 같은 선수가 되는 것이 목표였다. 그녀는 시간이 흐를수록, 연습을 거듭할수록 라이벌은 다른 선수가 아닌 바로 자신임을 깨달았다.

그녀는 먹고 싶은 음식이 눈앞에 있어도 체중 조절을 위해 참아야 했고, 몸이 따라 주지 않아 쉬고 싶고 그만하고 싶은 날에도 할당된 연습량을 소화해야만 했다. 친구들과 만나 자유롭게 놀고 싶었지만, 오늘을 쉬면 내일이 힘들어지기에 참아야 했다. 그녀가 극복하고 도전해야 할 상대는 바로 자기 내면에 살고 있는 유혹이었던 것이다.

그녀는 2010년 벤쿠버 올림픽에서 금메달을 획득하며 인생 최대의 목표를 성취했다. 이후 그녀는 제2의 목표를 찾지 못해 방황하며 삶에 대해 고민했다. 꿈을 이루었으니 그동안 힘들었던 선수 생활에서 은퇴해 쉬고 싶은 마음도 굴뚝같았지만, 자신과의 싸움에 한 번 더 도전장을 내밀었다.

자신의 꿈은 이루었지만, 대한민국 피겨의 길은 아직 멀었다는 것을 알았기에 그곳에서 멈출 수가 없었다. 개인의 목표는 이루었지만, 대한민국 피겨를 위해 아직 할 일이 남았다고 생각했다. 이후 그녀는 대한민국의 피겨 꿈나무들을 위해 2014년 소치 올림픽 때까지 현역 선수로서 최선을 다했다.

그녀는 자신을 향해 무수히 많은 회초리를 들었다. 처음에는 자신의 목표를 달성하기 위해 들었고, 그 다음은 대한민국 피겨의 먼 미래와 자라나는 피겨 꿈나무들을 위해 들었다. 더 이상 오를 곳이 없던 정상의 김연아지만, 자신을 향해 회초리를 들 때도 많았다. 무수한 매질로 회초리가 부러지면 다른 회초리를 만들어 자신을 채찍질 했다.

"그저 꿈꾸는 것만으로는 오래 행복할 수가 없다. 그래서 나는 그 꿈을 이루고 싶었다. 승부욕이 강한 나는 일등을 하고 싶었고, 그것이 꿈을 이루는 것이라 생각했다. 그러다가 어느 순간 나의 경쟁 상대는 '나'라는 생각이 들기 시작했다. 먹고 싶은 걸 모조리 먹어 버리고 싶은 나, 조금 더 자고 싶은 나, 친구들과 자유로운 시간을 보내고 싶은 나, 아무 간섭도 안 받고 놀러 다니고 싶은 나, 하루라도 연습 좀 안 했으면 하는 나… 내가 극복하고 이겨내야 할 대상은 다른 누군가가 아니라 내 안에 존재하는 무수한 '나'였던 것이다."

그녀는 아무리 힘들고 고통스러워도 자신을 향한 노력의 회초리를 멈추지 않았다. 내면에 존재하는 유혹을 뿌리치기 위한 채찍질을 멈추지 않았다. 그것은 경쟁자들을 이기기 위해서가 아니라 자신의 한계를 넘기 위해서였다. 자신의 한계를 뛰어넘을 때 비로소 자신이 원하는 목표를 이룰 수 있기 때문이다.

더 이상 오를 곳이 없는 최정상에서의 도전은 그녀에게도 힘들고 두려웠다. 그럼에도 가장 이기고 싶은 자신에게 도전장을 내밀었고 그 결과 승리를 거두었다.

우리는 도전의 과정에서 수많은 유혹과 한계를 만난다. 유혹에 넘어가 자신의 한계를 인정하고 주저앉아서는 안 된다. 그곳에서 한 걸음 더, 한 발자국 더 움직일 때 한계는 깨지고 새로운 출발점이 될 것이다.

그녀의 '노력'이 멋진 이유

"김연아 선수가 얼마나 많이 노력했을지, 얼마나 힘들었을지 생각하니까 눈물이 날 것 같아요. 김연아 선수를 통해 노력의 중요성을 깨달았어요. 노력해 보기도 전에 못 한다고 생각하고 포기하면 안 되겠다는 생각이 들었어요. 포기하고 싶을 때 한 번 더 도전해 보는 것, 그것이 진짜 노력이었어요."

성적표를 보며 뿌듯해 하는 수민이는 '노력하면 된다'라는 사실을 분명하게 깨달은 듯 했다. 세상에 노력하지 않고 이룰 수 있는 꿈은 없다. 노력하지 않고 얻을 수 있는 것은 나이와 노화뿐이다.

노력하는 과정에서 '좀 더 편하고 싶다. 이 정도면 충분하다'라는 마음으로 포기하지 않길 바란다. '조금 만 더, 한 번 만 더 해 보자'라는 마음으로 지금의 자리에서 노력한다면 한 계단 성장한 자신의 모습과 만나게 될 것이다.

> "선수로서 성공했다고 해서 인생에서 성공했다고 말할 수는 없을 것이다. 하지만 분명한 것은 나는 아직 스무 살이고, 앞으로 남은 인생이 더 길다는 것이다. 나에게는 지금의 자리가 인생의 성공으로 가는 첫 출발점이 될 것이기에, 하고 싶은 일도 이루고 싶은 일도 아직 많다. 나는 성공한 스포츠 스타가 아니라, 끊임없이 성장하는 사람으로 기억되고 싶다. 꿈을 위해 최선을 다해 달려가는 훌륭한 선수, 노력하는 인간 '김연아'로 기억되고 싶다."

지금 당신이 서 있는 그곳이 한계라고 생각돼도 그 선을 넘어서면 분명히 결승점은 있다. 사람들이 더 이상은 무리라고, 갈 수 없는 한계라고, 그 정도면 최선을 다했다고 말할 때도 그녀는 새로운 출발점을 만들어 결승점을 향해 달려 나갔다. 끊임없이 자신을 채찍질하며 포기하지 않고 목표를 이루었기에 그녀의 노력은 더욱 아름답다.

이지영

초등학교 입학식 날, 그녀는 처음으로 자신이 또래 친구들보다 키가 작다는 것을 알았다. 그때부터 그녀는 친구들 사이에서 놀림의 대상이 되었다. 별명도 '난쟁이, 땅꼬마, 외계인' 등 다양했다. 중학교 3학년, 보다 정확한 진단을 받기 위해 찾은 병원에서 충격적인 사실을 알게 되었다. 태어날 때부터 '가성연골무형성증'을 앓고 있었다는 것이다. 선천적으로 연골에 문제가 있는 터라 뼈가 휘어 결국 키는 110센티미터까지 밖에 자라지 않았다.

그녀는 남들과 다른 자신의 모습에 늘 부정적인 생각만 했다. 그러던 어느 날 부정적인 생각과 마음이 자신을 더욱 불행하게 만든다는 것을 깨닫고 생각을 바꾸기로 결심한다. 그때부터 삶은 달라지기 시작했다. 한계를 인정하고 할 수 있는 방법으로 최선을 다하자 할 수 있는 일들이 눈에 보였고 소소한 행복들이 찾아왔다. 그녀는 열심히 공부해서 원하는 대학에 합격하고 부모님으로부터 독립도 했다.

자신의 편견을 깨고 세상에 나왔지만, 그녀를 향한 세상의 편견은 여전했다. 취업을 앞두고 60여 개의 회사에 원서를 넣었지만, 면접 기회는 단 7번뿐이었고 장애인이라는 이유로 적지 않은 상처도 받았다. 그럼에도 그녀는 포기하지 않고 끊임없이 도전한 끝에 자신의 열정을 알아봐 준 한 대기업에 입사하게 되었다.

'나는 이래서 안 돼' '내가 무엇을 할 수 있겠어' '나는 할 수 없어'라며 자신의 약점 앞에 무릎 꿇고 도전을 포기한 적이 있다면 그녀의 이야기를 들려주고 싶다. 장애와 세상의 편견을 넘어 꿈을 이룬 그녀의 이야기를……

스무 살 여자라면, 그녀들처럼

: 이지영

삼성테크윈 인사팀 근무

한양대학교 신문방송학과

《불편하지만 불가능은 아니다》

6장에서 인용 출처 표기가 없는 내용은 《불편하지만 불가능은 아니다》에서 부분 발췌한 것입니다.

장애는 불가능이 아니라
불편함일 뿐입니다

이지영의 '인내'

"지난 주말에 한 자기 계발 모임에 갔거든요. 강사님이 하시는 강연도 듣고 사람들 앞에 나와서 자기 이야기도 할 수 있는 그런 모임 이었어요. 지난 주제는 '가장 힘들었던 경험과 그 경험에서 무엇을 배웠는지'를 말하는 것이었어요. 사실 그동안은 세상에서 제가 제일 힘든 줄 알았거든요. 그런데 그렇지가 않더라고요. 10명이서 돌아가며 발표했는데 힘든 사연들이 다들 하나씩은 있더라고요. 그동안 제 처지를 비관했던 것이 부끄러울 만큼 힘든 이야기도 있었어요. 다들 힘든 일이 있지만, 열심히 노력하면서 산다고 생각하니 왠지 모르게 힘이 나고 위로가 되었어요." (이지혜, 22세)

 지혜는 중학교 2학년 때, 아버지의 실직으로 갑자기 집안 형편이 어려워졌다. 10년 넘게 주부로만 지내시던 어머니는 생활비를 마련하기 위해 낮에는 간병인 일을 하시고 밤에는 전자 부품 조립 공장에 나가셨다. 아버지 역시 다시 일자리를 구하기 위해 밖으로 나가셨다. 부모님의 관심과 보살핌이 한창 필요한 때였지만, 당장의 생계가 우선이다 보니 부모님은 지혜의 일상을 챙겨 주지 못하셨다. 지혜는 아침에 일어나 부모님이 계시지 않으면 스스로 밥을 챙겨 먹고 점심에 먹을 도시락을 쌌다. 동생을 돌보는 것도 지혜의 몫이었다. 교복을 포함한 빨래는 누가 시키지 않아도 스스로 해야 했다. 미처 빨래를 하지 못한 날에는 때가 묻은 곳을 대충 빨아 축축한 채로 입기도 했다.

 일과 역시 여느 또래들과 달랐다. 학교 수업을 마치면 학원에 가는 것이 아니라 바쁜 부모님을 대신해서 장도 보고 반찬도 만들어야 했다. 대학생이 되면 뭔가 달라질 것이라 생각했지만, 시간이 지나도 생활은 똑같았고 마음은 점점 더 무거워졌다. 자신에게 꿈과 도전은 어울리지 않는다는 생각이 들었다.

 이런 지혜가 자기 계발 모임에 다녀온 후 뭔가 달라진 듯 했다.

그동안은 자신의 이야기를 아픔이라고 생각해 감추며 살았는데 막상 털어 놓고 나니 다른 사람들의 이야기가 귀에 들어오면서 자신만 힘든 것이 아님을 깨달았다.

시련을 삶의 일부로 인정하고 자신보다 더 어려운 환경 속에서도 무언가에 도전하는 사람들을 보면서, 모든 일에 부정적인 생각과 포기를 당연하게 생각한 자신을 반성하고 있었다. 나는 지혜가 살면서 마주하게 되는 어려움에 도전하는 마음을 갖길 바라며 도전을 멈추지 않는 이지영, 그녀의 이야기를 들려주기로 했다.

불평과 좌절은 해결책이 아니다

이지영, 그녀가 자신이 남들과 다름을 알게 된 것은 초등학교 입학식 때였다. 같은 반 친구들의 키는 평균 110센티미터였는데 그녀의 키는 80센티미터 정도였다. 또래들에 비해 유난히 키가 작았던 그녀는 그때부터 놀림의 대상이 되었다. 친구들은 그녀를 '난쟁이, 땅꼬마, 외계인'이라고 놀렸다. 심지어 꼬집고 때리며 돌을 던지기도 했다. 그런 친구들이 무서워 그녀는 쉬는 시간에 화장실도 가지 못했다. 볼일이 있으면 참았다가 아무도 없는 수업 시간에 갔는데 그마저도 눈치가 보여 어린 나이에 방광염까지 걸렸다.

학교에서 그녀는 매일 친구들의 놀림을 받았다. 함께 어울릴 수도 없었고 같이 할 수 있는 일도 없었다.

'왜 나는 이렇게 작게 태어났을까?'

'왜 나는 남들과 똑같지 않을까?'

'친구들은 다 하는데, 왜 나만 못 할까?'

그녀는 끝도 없는 열등감과 고통 속에서 불행한 어린 시절을 보냈다. 중학교에 들어간 후에도 생활은 마찬가지였다. 체육 시간이면 친구들은 운동장에서 신 나게 운동하는데 그녀는 항상 교실 안에서 그런 친구들의 모습을 구경만 했다.

중학교 3학년 때 그녀는 처음으로 자신의 병을 알게 된다. 키가 자라지 않는 원인을 정확하게 알기 위해 병원을 찾았는데 뜻밖의 사실을 알게 된 것이다. 그녀는 '가성연골무형성증'을 앓고 있었다. 선천적으로 연골 생성에 문제가 있어 뼈가 휘고 키가 자라지 않는 질환인데 100만 명 당 4명꼴로 나타나는 희귀 질환이었다. 뼈와 뼈 사이의 충격을 흡수해 주고 뼈를 곧게 자라게 하는 연골이 없다보니 척추와 다리는 하루가 다르게 휘었고 걸음걸이는 뒤뚱거릴 수밖에 없었다. 결국, 그녀의 키는 1미터 10센티미터에서 더 자라지 않았다.

몸이 불편했던 그녀는 항상 부모님의 등에 업혀 등하교를 했는데 시간이 갈수록 점점 작아지는 부모님의 어깨를 보며 이대로는 안 되겠다고 생각했다. 언제까지 부모님만 힘들게 할 수 는 없었다.

그녀는 혼자서 무엇이든 해 보겠다고 생각했다. 그런 생각이 들자 적극적으로 행동하게 되었다. 맞지 않아 잘 입지 않았던 체육복을 줄여서 입고 체육 시간에 친구들 주위를 서성거렸다. 어떻게 하면 자신도 같이 할 수 있는지 선생님께 여쭈기도 했다.

"선생님, 제가 친구들과 같이 뛰고 싶은데 어떻게 방법이 없을까요?"

그러자 선생님께서 말씀하셨다.

"배구를 할 때는 친구들이 공을 위로 올리면 너는 밑으로 튕기면 돼. 테니스를 할 때는 라켓이 네게는 너무 무거우니 가벼운 배드민턴 채를 들고 하면 돼."

그 순간 그녀는 깨달았다.

'세상에는 내가 할 수 있는 일이 정말 많구나. 내 방식에 맞춰서 하면 충분히 할 수 있겠구나.'

할 수 있는 일이 많아지자 공부도 열심히 하게 됐고 늘 혼자였던 아이가 무언가 열심히 해 보려는 모습을 보이자 친구들도 다가오기 시작했다. 늘 부정적인 생각만 하던 그녀도 조금씩 생각을 바꾸고 자신이 할 수 있는 일을 늘려 갔다. 그녀는 열심히 공부해서 원하는 대학에 합격해 부모님으로부터 독립도 했다. 대학에서는 과 대표도 맡고 호주로 어학연수까지 다녀오면서 그녀는 깨달았다.

'장애인이라서 못 한 것이 아니고 못해서 좌절한 것이 아니었

다. 할 수 없다고 믿었던 나의 편견이 스스로를 못하게 만들었다.'

세상을 살아갈 용기를 얻은 그녀는 누군가에게 기대지 않고 홀로서는 삶을 살기 위해 적극적으로 도전했다. 그녀는 졸업 후 취업하기 위해 60통의 이력서를 쓰고 7번의 면접을 봤다.

"그 몸으로 고객을 유치할 수 있겠어요?"

"그 몸으로 우리 직원들하고 어울릴 수 있을까?"

면접장에서의 냉랭한 반응과 비난으로 상처를 받기도 했지만, 이대로 포기하면 자신과 같은 사람에게는 기회조차 주어지지 않을 것이라 생각하며 도전했다. 포기를 모르는 도전 끝에 마침내 그녀는 대기업 입사에 성공했다.

모두들 '장애가 있으니 당연히 못 하겠지'라고 생각했지만, 그녀는 자신만의 방법을 찾아 할 수 있음을 보여 주었다. 우리는 불리한 상황이 닥치면 다음과 같이 합리화한다.

'나는 키가 작아서 3점 슛을 넣지 못하는 것이 당연해.'

'나는 손가락이 짧아서 피아노를 잘 치지 못하는 것이 당연해.'

우리는 자신의 부족함을 탓하거나 불평하며 도전 앞에 일찌감치 백기를 든다. 불평, 불만은 시작하면 끝이 없다. 불평한다고 해서 일이 해결되지는 않는다. 불평보다는 '어떻게 하면 이것을 내 방식대로 해낼 수 있을까?'를 고민하며 시도해야 문제를 해결할 수 있다.

완벽하지 않을 때는
보완책을 찾으면 된다

　대학교 진학을 앞둔 고3의 그녀에게 주변 사람들은 말했다.

　"기술을 배우는 것이 어떻겠니? 대학에 가도 졸업하고 취업이 안 되면 힘들 테니 한 살이라도 어릴 때 기술을 배우는 것이 낫지 않을까?"

　당시 그녀가 공부를 곧잘 했음에도 불구하고 장애를 가졌다는 이유만으로 평범한 삶이 불가능할 것이라는 주변의 우려에 속상한 적도 많았지만, 그녀는 주변을 신경 쓰기보다는 하고 싶은 일에 대한 도전 의식을 불태웠다.

　청주에서 고등학교를 졸업하고 대학을 서울로 가겠다고 했을 때 부모님께서는 그녀를 말렸다. 불편한 몸으로 타지에서 혼자 어떻게 생활하겠느냐며 걱정하셨다. 넉넉하지 않은 가정 형편에 사립 대학교의 등록금과 생활비를 지원하는 것도 힘든 일이었다. 그런 사정을 그녀도 알았지만, 이런저런 사정으로 부모님 곁에 남는다면 독립은 평생 꿈도 꾸지 못하고 혼자서는 아무것도 할 수 없을 것이라는 생각에 뜻을 굽히지 않았다. 결국, 그녀의 이런 뜻에 부모님도 기꺼이 따라 주셨다.

　어느 정도의 어려움은 예상하고 상경한 그녀이지만, 홀로서기는 생각보다 쉽지 않았다. 그녀에게 엘리베이터 버튼은 너무나 높았고 기숙사 샤워기도 마찬가지였다. 그녀는 의자를 끌고 가 샤워하는 모습을 사람들에게 보이기 싫어 아무도 없는 밤 시간에 씻었다. 기숙사 식당의 배식대가 한없이 높아 식당에서는 밥을 먹지 않고 매점에 들러 빵과 라면으로 대충 끼니를 해결했다. 세탁기의 높이가 그녀의 키와 비슷해 빨랫감을 넣는 것은 가능했지만, 꺼낼 때가 문제였다. 만원 버스를 타고 내리는 것도 그녀에게는 등산하는 것처럼 힘들었다. 수업을 들으러 강의실에 가려면 높은 계단을 올라가야 했는데 힘들게 강의실에 도착하면 온몸에 땀이 흥건하고 숨이 차 공부에 집중하기가 어려웠다. 어느 날 그녀는 이런 자신의 생활에 대해 곰곰이 생각해 보았다.

'남들에게는 그저 평범한 일상인데 나한테는 왜 이렇게 힘들고 어려울까?'

의식주 문제가 그녀에게는 가장 큰 난관이었다. 방을 나서는 순간 혼자가 되는 느낌이 들어 기숙사 방을 나서는 것이 두려웠다. 사소한 문제부터 번거로운 일까지 혼자서는 아무것도 할 수 없는데 정작 그녀의 곁에는 아무도 없었다. 지금까지 자신의 손과 발이 되어 준 가족들도 곁에 없었다.

'아, 여기서 그만 두고 싶다. 이제 그만 힘든 생활을 끝내고 싶다' 라는 충동을 느낄 때도 있었지만, 그럴 때일수록 처음 떠나올 때를 떠올리며 굳게 마음을 다잡았다. 이후 그녀는 달라졌다. 학교에 자기처럼 몸이 불편한 친구들을 모아 간담회를 신청해 개선점이 있으면 하나씩 바꾸어 나갔다. 그러자 주변 환경이 달라졌다. 엘리베이터 버튼이 손에 닿지 않는 사람들을 위하여 발받침대가 설치되었고 식당 아주머니들과 친구들의 도움으로 식판에 밥을 받아 편히 먹게 되었다. 주변의 도움이 필요한 경우도 있었지만, 스스로 해결하려고 노력했다. 완벽한 개선은 아니었지만, 조금씩 보완해 가며 불편함을 최소화 시켰다.

갓 태어난 아기는 다른 사람의 도움이 없으면 먹을 수도, 걸을 수도 없다. 자라면서 하나씩 깨닫고 시행착오를 거쳐 자신만의 방법을 터득한다. 어른이 된 후에도 마찬가지다. 난관의 문턱에서 끊임없이 도전하며 문제 해결 방법을 찾기 위해서는 몸소 부딪쳐야 한다.

완벽하지 않더라도, 부족하더라도 자신만의 방식을 찾아 문제를 해결해 나간다면 삶의 난관은 삶을 더욱 풍성하게 하는 성장의 발판이 될 것이다.

> "우리 모두 남에게 들키고 싶지 않은 약점 하나 정도는 있습니다. 하지만 그 약점을 남에게 들킨다고 해도 부끄러운 일은 아닙니다. 저는 110cm의 키라는 어마어마한 약점을 가지고도 오늘도 그 보완책을 찾아 도전하며 살아가고 있습니다. 내가 못 할 거라고 생각하는 일, 그러나 간절하게 해내고

싶은 일이 있다면 일단 시도해 보세요. 그리고 그러다 넘어질 땐, 당신의 눈높이보다 언제나 낮은 곳에서 살아가고 있는 저를 떠올려 주세요."

장애는 불편할 뿐, 불행이 아니다

어느 성공한 대기업 창업자에게 기자가 질문을 던졌다.
"회장님은 어떻게 해서 이렇게 큰 성공을 거두게 되셨나요?"
창업자는 다음과 같이 대답했다.
"나는 하늘이 주는 최고의 세 가지 은혜를 가지고 태어났지요. 가난한 것, 허약한 것, 못 배운 것. 이 세 가지를 가졌기 때문에 성공할 수 있었지요."
뜻밖의 대답에 놀란 기자가 다시 물었다.
"아니, 지금 말씀하신 것들은 모두 불행한 일들이 아닙니까? 그것들이 어떻게 은혜가 될 수 있지요?"
기자의 질문에 창업자는 차근차근히 그 이유를 설명해 주었다.
"저는 가난했기에 부지런히 일하지 않을 수 없다는 진리를 깨달았고, 약하게 태어났기에 건강의 소중함을 깨달아 건강 지키기를 습관화했으며 초등학교 4학년을 중퇴했기에 항상 배우려고 노력했습니다."

위 이야기의 주인공은 일본 마쓰시다 그룹의 창업자 마쓰시다 고노스케다. 사람들은 그가 어린 시절에 겪었던 가난, 허약함, 못 배운 것 등을 불행이라고 생각했지만, 정작 본인은 그 세 가지를 불행이라고 생각하지 않았다. 좌절하거나 포기하지 않았다. 대신 불행한 현실을 인정하고 그 안에서 자기가 할 수 있는 최선의 방법들을 찾았고 없으면 만들었다. 위 세 가지의 어려움은 그를 기업가로서 성장하게 한 원동력이었으며 삶의 원천이라고 해도 과언이 아닐 정도로 중요한 요인이었다.

처음에는 이지영, 그녀도 자신의 삶을 불행하다고 생각했지만, 장애를 딛고 세상에 나와 약점을 채워 가면서 장애가 불행이 아닌 행복이 될 수도 있음을 깨달았다. 대학에 다니며 그녀가 새롭게 도전하고 문제점을 개선하기 위해 했던 시도들은 자신감이 되어 돌아왔다. 그 자신감은 그녀로 하여금 세상에 할 수 없는 일보다 할 수 있는 일들이 더 많음을 일깨워 주었다. 자신감이 생긴 그녀는 자신의 한계에 새롭게 도전해 보고 싶은 용기까지 생겼다. 장애인이지만, 무엇이든 혼자서 할 수 있다고 세상 앞에 증명해 보이고 싶었다. 의지하거나 도와주는 사람 없이, 철저히 낯선 환경에서 자신을 시험해 보고 싶었다. 그녀는 그런 시험에 적합한 환경을 어학연수라고 생각해 마침내 결심을 실행에 옮겼다.

물론 부모님을 설득하는 과정은 쉽지 않았다. 서울에서 힘들게 대학 생활을 한 것도 모자라 다시 낯선 환경에서 시작하겠다는 그녀의 결정에 부모님은 반대하셨다. 넉넉지 않은 형편에도 학비며, 생활비까지 지원해 줬는데 유학비까지 지원하기는 부모님으로서도 부담이 되었다. 그녀도 또래 친구들처럼 아르바이트를 해서 부모님의 부담을 덜어 드리고 싶었지만, 장애를 가진 몸 때문에 그렇게 할 수 없어 무척이나 안타까웠다. 그럼에도 그녀는 누구의 도움 없이도 혼자서 잘 해나가는 자신의 모습을 만나고 싶었기에 부모님도 마침내 그녀의 유학을 허락하셨다. 결국, 그 뒤로 그녀는 호주로 1년간의 어학연수를 떠났다.

　자신감을 가지고 떠나왔지만, 현지에서 그녀를 기다린 것은 만만치 않은 생활 속 문제들이었다. 자기 키만 한 가방을 끌고 호주에 도착한 그녀는 공항에서 짐을 내리다가 뒤로 벌렁 나자빠지기도 하고, 어디를 가나 모든 문고리와 벨이 손에 닿지 않아 발 받침대는 필수였다. 지하철에서 표를 구매할 때도 항상 누군가의 도움이 필요했다. 매주 방세를 내기 위해 현금 지급기에서 돈을 찾을 때면 발판을 딛고 올라서는 것도 모자라 막대기를 이용해서 비밀번호를 눌러야 했다. 어려움도 있었지만, 사람들의 도움과 자신만의 해결책으로 하나둘씩 문제를 해결해 나가면서 성장의 발판을 마련했다.

　그러던 어느 날, 그녀는 길을 가다 우연히 만난 한 여성과 대화하게 되었다. 호주 여성으로 키는 120센티미터 정도 돼 보였는데 거기에 임신까지 해 제대로 걷기조차 힘들어 보였지만, 불편한 기색 하나 없이 여유를 즐기고 있었다. 그녀는 다가가 조심스럽게 물었다.

"자신과 똑같은 장애아를 낳는 것이 걱정되지는 않으세요?"

그러자 그녀가 대답했다.

"두려울 것 없어요. 장애아가 나오든 그렇지 않든 저는 아이를 행복하게 키울 거예요. 저는 장애인으로 태어나 불행하다고 생각해 본 적이 한 번도 없어요. 그렇기에 내 아이도 불행하지 않을 것입니다."

당찬 대답은 그녀에게 신선한 충격으로 다가왔다. 임신하지 않아도 충분히 버겁고 힘겨운 몸이라 그녀는 임신해서 잔뜩 부른 배를 안고 살아간다는 것은 상상도 하지 못 했었다. 거기에 장애를 가진 자식을 지켜볼 자신이 없었다. 반대로 호주에서 만난 여성은 남들과 다르게 태어났지만, 자신의 외모와 현실을 사랑했고 그런 모습이 너무나 당당해 보였다. 이후, 그녀는 지금껏 자신이 살아온 모습을 되돌아봤다. 생각해 보니 겉으로는 늘 당당한 척 했지만, 속으로는 자신의 모습을 받아들이지 않고 누구보다 미워했었다. 그녀는 장애가 있음에도 자신과는 달리 행복하게 사는 여성을 보며 다음과 같이 깨달았다.

'내가 먼저 나 자신을 사랑해 주어야 지금보다 더 행복한 삶을 살 수 있을 것이다.'

한 번은 이런 일도 있었다. 횡단보도 앞에서 길을 건너기 위해 신호를 기다릴 때였다. 이십대 초반의 예쁘장한 여자가 다가와서 그녀에게 말했다.

"제 가장 친한 친구도 당신과 같은 장애를 가지고 있어요. 제 친구도 대단하지만, 당신도 참 멋져요."

지금까지 그녀가 들었던 동정과는 다른 격려와 응원이었다. 힘이 되는 메시지에 그녀는 감격했다.

어느 날은 중남미 쪽에서 온 듯한 관광객이 '시드니에서 가장 행복해 보이는 사람과 사진을 남기고 싶어요. 실례가 안 된다면, 같이 사진 좀 찍어 주시겠어요?'라는 부탁을 해 오기도 했다.

장애를 가진 자신의 모습을 이상하게 생각하는 것이 아니라 추억으로 남기고 싶어 하는 그들을 보며 그녀는 더 이상 다른 사람들의 눈을 피해 살지 않겠다고 굳게 다짐했다.

한번은 이런 일도 있었다. 해변가에 위치한 근사한 칵테일 바에서 한 여인을 보았다. 화려한 민소매 드레스를 입은 여인이었는데 자세히 보니 한쪽 팔은 아예 없었고, 다른 한 쪽은 손목 아래로 없었다. 두 팔이 없음에도 불구하고 자연스럽게 칵테일 잔을 받아 한쪽 어깨 위에 올리고 머리로 술잔을 지탱하며 태연히 걸어가는데 그 모습이 그녀의 눈에는 무척이나 아름다워 보였다. 그 여인에게 장애는 다른 사람들의 시선 뒤에 숨어야 할 일도, 감추어야 할 일도 아니었다. 그런 자신감이 그 여인을 아름답게 만들었다.

그 여인을 보고 그녀 역시 장애에 대한 관점이 달라졌다. 장애는 사람들의 시선을 주목시킬 만한 호기심의 대상도, 동정할 일도 아니라는 생각이 들었다. 그녀는 호주에서 사람들이 자신을 장애를 가진 사람이 아닌 자신들과 다르지 않은 한 인격체로 동등하게 대우해 주는 것을 느꼈다. 장애를 가졌지만, 부끄럽게 생각하지 않고 오히려 당당하게 드러내는 사람들의 모습에서 진정한 자기애를 깨달았다. 그녀는 호주에서 생활하며 다양한 친구들을 사귀며 사람들에게 먼저 다가가 환하게 웃을 수 있는 밝은 사람이 되었다. 문제가 생기면 스스로 해결하기 위해 고민했으며 떠나기 전에 생각했던 것보다 훨씬 더 많은 일들을 이루어 냈다. 그녀는 장애 때문에 불행하다는 생각을 하지 않게 되었다. 장애가 있다는 것은 남들보다 조금 불편할 뿐, 불행한 일이 아니라는 것을 몸소 깨달았다. 자신도 남들처럼 행복해질 수 있다는 굳은 믿음이 생긴 것이다.

사람에게는 기쁜 일도 있지만, 슬프고 아픈 일도 있다. 슬프고 아픈 일을 만났을 때, 포기하고 좌절하면 불행에 빠지지만, 극복하고자 하는 의지를 가지고 해결책을 찾아 보완해 나간다면 불행은 얼마든지 행복으로 바꿀 수 있다.

"세상은 넓고 그에 비해 내 키는 약간 작지만, 내가 할 수 있는 일과 갈 수 있는 곳은 세상에 많고 많았다. 나는 한국에서의 작디작은 이지영이 아니라, 어디든 갈 수 있고 무엇이든 할 수 있는 사람이라는 것을 깨달았다."

"나는 호주에서 비극을 아무렇지 않게 받아들이며 즐겁게 생활하는 사람들을 보았다. 물론 그 비극을 극복하기까지 엄청난 시간이 걸렸겠지만, 자신을 비하하지도, 세상을 저주하지도 않으면서 불가능해 보이는 일들을 아무렇지 않게 해내는 일상의 영웅들이 호주 곳곳에 자리 잡고 있었다."

장애를 통해
배운 것들

처음으로 남들과 다른 자신을 발견했을 때 그녀 역시 현실을 받아들이기가 어려웠다. 거울 속에 비친 자신의 모습을 인정하기 싫었다. '이렇게 키가 작고 팔다리가 짧은 모습이 나야?'라고 생각했다. 학교에 가면 친구들의 놀림을 받았고 어디를 가든 사람들의 차가운 시선을 받아야 했다. 자신뿐만 아니라 세상 모두에게 미움 받는다는 사실이 그녀를 힘들게 했다.

남들보다 키가 작았기에 같은 도전을 해도 더 힘들고 버거웠지만,

남들과 달랐기에 그녀만이 할 수 있는 경험과 생각이 있었고 그런 것들이 모이자 그녀의 삶에 변화가 일어났다. 조금씩 자신을 인정하고 남들과 다르다는 것을 받아들이면서 삶은 이전보다 훨씬 풍성해졌고 자신만의 방식으로 사람들과 함께 어울리며 조화를 이루게 되었다. 이제 그녀에게 장애는 약점이 아니다. 약점이라고 생각했던 장애를 통해 경험하고 배운 것들이 그녀를 더욱 올바르고 당당하게 만들어 주었기 때문이다.

"남과 다른 제 자신을 인정하는 것이 포기를 의미하는 건 아닙니다. '평범함'이라는 저 멀리의 표지판까지 남들은 잘 닦여 있는 아스팔트 길로 걸어갔지만, 저는 아스팔트 길 옆의 풀숲을 헤치면서 나아가야만 했습니다. 하지만 그 길이 결코 외롭지는 않았습니다. 왜냐하면 어떤 날은 신선한 바람이 불어오고 향기로운 풀냄새가 나기도 했기 때문입니다."

과거에는 자신을 세상속의 미운 오리 새끼라고 생각했지만, 자신을 있는 그대로 사랑하기 시작하면서 그녀는 세상에서 하나뿐인 아름다운 백조가 되었다.

도전하는 자만이
벽을 넘어설 기회를 얻는다

 물은 100도에서 끓는다. 99도까지 끓었지만, 불을 끄게 되면 온도는 더 올라가지 않고 점점 식게 된다. 도전과 기회에도 온도가 있다. 99도가 뜨거운 것은 맞지만 완전히 물을 끓이기 위해서는 1도가 더 필요하다. 기회를 얻기 위해서는 '한번만 더'라는 도전이 필요하다. 이지영 그녀도 기회를 얻기까지 무수히 많은 도전을 했다. 만약 그녀가 도전의 중간에 주저앉거나 포기했다면 기회를 얻지 못했을 것이다.

 그녀는 취업을 위해 60여 통의 이력서를 쓰고 12번 정도의 입사 시험을 치르고 7군데의 회사에서 면접을 봤다. 서류 심사에서 통과한 그녀는 뛸 듯이 기뻤고 열심히 준비해서 면접장에 도착했지만, 면접장에서 마주친 면접관들의 표정은 썩 좋지 않았다. 면접장에서 한 번도 장애인을 대면해 본 적이 없었는지 당황해하는 면접관도 있었고 심지어 그녀를 보는 것조차 부담스러워하며 눈길을 피하는 면접관도 있었다. 그녀는 자신의 장애가 취업에서는 약점이 될 수도 있다고 생각하여 이를 보완하기 위해 더 열심히 준비했다. 그렇지만, 그런 그녀의 노력과 열정에도 불구하고 면접 시간 내내 질문도 거의 받지 못하고 면접장을 나와야 했던 적도 많았다. 면접장에서 그녀를 대하는 면접관들의 시선과 태도는 차갑기만 했고,

직접적인 비난에 상처를 받은 적도 있었다.

"그 몸으로 고객을 유치할 수 있겠나?"

"동료들에게 피해를 주지는 않겠나?"

그동안의 편견과 어려움에는 당차게 맞선 그녀였지만, 능력이 아닌 자신의 외모와 장애를 비난하는 말은 극복이 쉽지 않았다. 그런 날이 반복되자 우울증이 생겼고 의기소침하고 주눅이 들어 한 달간은 방에만 틀어박혀 지냈다. 면접장에 가는 것이 죽을 만큼 두려웠고 그만두고 싶은 마음도 굴뚝같았지만 이대로 자포자기할 수는 없었다. 결국, 그녀는 다시 용기를 내 일어섰다.

'내가 여기서 포기하면 나 같은 장애를 가진 사람들이 도전할 기회가 더 줄어든다. 어떻게든 내가 회사에 들어가서 나 같은 사람도 할 수 있다는 것을 보여 주자. 그러면 나를 보고 괴물을 본 것처럼 놀란 사람들도 다음번에는 조금 덜 놀랄 거야. 그러다 보면 언젠가 나 같은 장애인들도 보통 사람들처럼 질문받고 열정을 보여 줄 수 있는 날이 분명히 올 거야.'

그녀는 자신의 단점을 어떻게 보완할지 고민하며 이력서와 자기소개서를 들고 취업 컨설팅 회사를 찾아갔다. 담당자는 그녀의 이력을 훑어보더니 왜소증인 사람은 전화로 고객을 응대하는 업무에 적합하다며 전화 상담 쪽의 업무를 권했다. 그녀는 더 이상 물러설 곳이 없었다. 면접을 볼 수 있는 기회가 주어진다면 최선을 다하겠다고 결심했다.

그녀는 용기 내서 들어간 7번째 면접장에서 마지막으로 하고 싶은 말씀이 있으면 해 보라는 면접관의 말에 다음과 같이 대답했다.

"저는 장애를 가진 사람입니다. 하지만 장애는 불가능이 아니라 불편함일 뿐입니다!"

결국, 그녀는 7번째의 면접을 끝으로 당당하게 취업에 성공했다.

> "그러나 자꾸 떨어질수록, 면접장에서 모욕을 받으면 받을수록 오기가 생겼다. 끝내 안 되는 일일지라도 무조건 면접이라도 많이 봐서 최대한 많은 곳에 왜소증 장애를 보여 주고 싶었다. 그 공고한 편견의 벽을 조금이라도 얇게 만들어 놓아서 나보다 더 나은 후배들이 이 회사를 지원할 때는 편견 없이 시험을 볼 수 있게 하고 싶었다."

신용카드에는 한도 초과가 있지만, 도전에는 한도 초과가 없다. 도전의 횟수는 우리가 하고 싶은 만큼, 쓰고 싶은 만큼 충분히 사용해도 된다. 만약 그녀가 면접에 대한 두려움으로 6번째에서 포기했다면 취업의 기회는 오지 않았을 것이다. 포기하지 않고 끊임없이 도전했기에 그녀는 기회를 잡을 수 있었다. 포기하지 않고 도전한다면 기회는 반드시 결제되어 내 손에 들어올 것이다.

그녀의 '인내'가 멋진 이유

"오늘 다녀온 모임에서도 그렇고 이 분의 이야기를 듣고 나니 참 많은 생각이 드네요. 그동안 저는 제 상처를 남들에게 보여 주기 싫어서 꽁꽁 감추고 있었는데 그럴 때마다 '왜 나만 이렇게 힘들지?'라는 생각이 자주 들었어요. 그러다 이렇게 우연한 계기로 제 이야기도 하고 다른 사람들의 이야기도 들으니 '살면서 나만 힘든 것이 아니구나' '내 상처는 상처의 축에도 들지 못하는 일이구나. 드라마에서나 볼 수 있는 힘든 상황들을 실제로 겪고 그것을 극복하며 살아가는 사람들도 있구나'라는 생각이 드니까 왠지 부끄럽기도 하고 반성하게 돼요."

지혜의 눈은 반짝였고 입가는 미소를 머금고 있었다. 자신의 시련이 더는 아파하고 상처받을 만한 문제가 아님을 깨달은 듯 보였다. 지혜는 많은 사람들이 저마다의 좌절과 아픔이 있으며 극복하기 위해 작은 도전을 반복하며 산다는 것을 느낀 듯했다.

> "행복과 희망이라는 예쁜 껍질을 까 보면 그 속에는 쭈글쭈글해진 인내라는 열매가 있다. 나에게는 매일이 또 다른 인내의 시작이다. 그것들이 모이고 모여 쭈글쭈글해지면 거기서 또다시, 예쁜 행복의 꽃이 피어나리라."

삶은 고속도로와 같다. 속도를 높여 시원하게 달릴 때도 있지만, 차가 많은 날에는 밀리는 구간도 있다. 때로는 사고도 발생하고 캄캄한 터널을 지나야 할 때도 있다. 캄캄하고 끝이 보이지 않는다고 터널을 두려워하면 영원히 지나갈 수 없을 것이며 터널을 지나 다시 밝은 도로를 달릴 때의 기분도 알 수 없다. 혹시 살다가 끝이 없을 것 같은 터널을 만나더라도 무섭고 두렵다는 이유로 포기하지 않기를 바란다. 어딘가에 터널의 끝이 있다고 믿으며 달려가기를 바란다. 수많은 고민과 좌절 끝에 터널을 통과한 사람은 이전보다 몇 배는 밝은 빛을 만나게 될 것이다.

> "이 세상에 사는 수많은 사람들에겐 저마다 존재의 이유가 있다. 나는 남들에 비해 턱없이 작은 키로 인해 남다른 경험과 생각들을 원 없이 하게 되었고 또 앞으로도 수없이 하게 되리라. 누군가 그것이 불필요하고 나쁘다고 하면 그렇게 볼 수도 있겠지만, 이제는 그 경험과 생각이 나를 이만큼 키워 주었다고 믿기에, 나는 더 이상 내 작은 키를 미워하지 않는다. 오히려 요즘은 남들과 확연히 다른 나에게 감사한다."

이지영, 그녀는 '장애가 있는데 할 수 있겠어?'라는 사회의 편견 속에서도 굴하지 않고 도전한 끝에 당당히 자신의 꿈을 이루었다.

자신의 꿈을 이룬 것뿐만 아니라 우리 사회에 장애를 가진 이들에게 희망과 용기가 되어 주었다. 장애를 바라보는 세상의 편견에 맞서 보란 듯이 자신의 꿈을 이룬 그녀의 '인내'가 멋지다.

한비야

어린 시절 한비야는 자연스럽게 세계지도를 보며 자랐다. 그녀의 부모님은 자식들을 '세계적인 인물로 키우자'라는 일념 아래 세계지도가 그려져 있는 물건은 모두 사 오셨는데 그 덕에 집안 벽에는 항상 세계지도가 붙어 있었다. 이런 환경에서 자란 그녀에게 한눈에 보이는 세계는 너무나도 작았다. 그녀는 《80일간의 세계 일주》를 읽으면서 '세계는 80일 만에 걸어서 한 바퀴를 돌 수 있을 만큼 작다'라고 생각했다.

15살 때 아버지가 돌아가시고 형편이 어려워지자 그녀는 고등학교만 졸업한 채 사회생활을 시작했다. 아르바이트를 하며 6년 동안 주경야독한 끝에 대학에 입학했고 미국 유타대학교에서 국제 홍보학 석사를 마친 후, 외국계 국제 홍보회사에 입사했다.

뛰어난 업무 성과로 승승장구하며 부장 승진을 눈앞에 둔 어느 날, 그녀는 어릴 적 아버지와 약속한 '세계 일주'의 꿈을 이루기 위해 돌연 사표를 제출하고 여행길에 올랐다.

그녀는 세계의 오지 곳곳을 다니며 여행했다. 가난과 빈곤으로 고통스럽게 죽어 가는 사람들을 보면 무척 안타까웠다. 그러면서 아무것도 할 수 없는 자신의 한계에 억울함을 느꼈다. 그녀는 여행을 통해 세계 도처에 있는 어려운 이웃들을 돕는 것이 자신의 가슴을 뜨겁게 하는 일임을 깨달았다. 긴 여행에서 돌아와 그녀는 국제구호개발기구 '월드비전'의 긴급구호 팀장으로 세계 각국의 재난 지역에 제일 먼저 달려가는 삶을 살아왔다.

'내가 무엇을 하고 싶은지 모르겠다' '내 꿈이 뭔지 모르겠다'라는 생각 때문에 가슴이 답답했던 적이 있다면 그녀의 이야기를 들려주고 싶다. 가슴이 뛰는 일이라면 나이와 한계를 넘어 기꺼이 모험하는 그녀의 이야기를……

:한비야 국제구호활동가

월드비전 세계시민학교 교장

홍익대학교 영문학 학사
미국 유타대학교 대학원 국제홍보학 석사
유엔 중앙긴급대응기금 자문위원
국제구호개발기구 월드비전 긴급구호팀 팀장
2004년 한국YMCA 선정 젊은 지도자상

《그건, 사랑이었네》
《바람의 딸, 우리 땅에 서다》
《바람의 딸 걸어서 지구 세 바퀴 반》
《지도 밖으로 행군하라》
《한비야의 중국견문록》
《6인 6색 21세기를 바꾸는 상상력》

세상이 정해 놓은 길이 아닌, 가슴이 뛰는 길을 찾아 개척하라

한비야의 '모험'

"저는 올해 22살 경찰공무원을 준비하고 있는 학생이에요. 운동을 좋아하고 다른 친구들보다 체력이 좋은 편이라 경찰이 되는 것이 제 오랜 꿈이었어요. 친구들이 모두 가는 대학교는 안 갔지만, 고등학교 때부터 꾸준히 운동하며 체력도 관리하고 공부하면서 시험을 준비해 왔어요. 그런데 막상 해 보니 쉽지만은 않은 것 같아요. 일찍부터 준비한다고 했지만, 필기시험에 한 번 떨어지고, 이번에는 면접에서 떨어졌어요. 다른 친구들보다 빨리 진로를 찾아 준비하긴 했지만, 계속해서 떨어지니까 혹시 저만 뒤처지는 것이 아닌지 걱정도 되고 마음도 안 잡히고, 답답해요." (박유진, 21세)

자신의 장점을 알고 또래 친구들보다 빨리 진로를 결정했지만, 시험에서 연이어 떨어지자 유진이는 자신의 미래에 대해 불안해 했다. 친구들은 고등학교를 졸업해 대학 생활을 즐기고 있는데 자신은 즐기는 것도 미루고 열심히 노력하는데 계속되는 불합격에 잘못된 길을 가는 것이 아닌지 고민하고 있었다.

멋진 말로 용기를 주고 싶었지만, 아무리 좋은 말이라도 자신이 하는 위로만큼 용기를 주지는 못한다. 그래서 유진이에게 한비야의 이야기를 들려주기로 했다. 자신만의 속도와 시간표로도 충분히 꿈을 이룰 수 있다는 것을 유진이가 스스로 느끼길 바라면서…….

꿈은 자신과 하는 약속이다

그녀의 부모님에게는 자녀들을 '세계를 무대로 살게 하고 싶다'라는 바람이 있으셨다. 자녀들이 세계를 이웃 나라처럼 느끼게 하기 위해 집안 곳곳에 세계지도를 붙여 놓으셨고 세계지도가 그려진 모든 물건을 사오셨다. 그녀의 아버지는 일찍 퇴근하고 돌아오시는 날이면 4남매를 모아 놓고 우리나라 지도와 세계지도에서 나라 이름과 도시 이름, 산과 바다 이름을 맞추는 놀이를 하며 놀아주셨다. 놀이 중간 중간에 국제 역학 관계나 분쟁 지역에 관한 이야기도 들려주셨다.

지도에 그려진 세계를 보고 자란 그녀는 세계가 넓거나 멀다고 생각되지 않았다. 《80일간의 세계일주》를 읽으면서 '비행기를 타지 않고도 80일 만에 한 바퀴를 돌 수 있을 만큼 세계가 좁다'라고 생각했다.

어린 시절부터 호기심이 많고 여기저기 다니는 것을 좋아했던 그녀는 마음만 먹으면 세계 한 바퀴 도는 것은 문제가 아니라고 생각했다. 열 살 때부터 그녀에게 세계 일주는 언젠가 꼭 해야 하는 일이 되었다.

"아버지, 나 조금만 더 크면 세계를 한 바퀴 돌 거예요."

이렇게 말하는 그녀에게 아버지는 항상 꿈과 용기를 북돋워 주셨다.

그녀가 열다섯 살 때였다. 심장마비로 아버지가 갑자기 돌아가시고 집안 형편이 기울기 시작했다. 그녀는 고등학교만 졸업한 채 사회로 뛰어들어야 했다. 과외, 번역, 클래식 다방 DJ까지 각종 아르바이트를 하며 생활비를 벌어야 했고 대학교에 입학하기 위해 6년간 주경야독했다.

그녀 나이 스물여섯, 홍익대학교 영문학과에 4년 특별 장학생으로 입학해 졸업 후에는 미국 유타대학교 대학원에서 국제 홍보학을 공부하며 외국계 국제 홍보 회사에 입사했다. 입사 후 뛰어난 성과로 승승장구하며 부장 승진을 코앞에 둔 어느 날이었다. 그녀는 돌연 어릴 적 꾸었던 세계 일주의 꿈을 이루기 위해 서른다섯의 나이에 사표를 냈다.

그녀가 사표를 제출하자 주변에서는 '남부러울 것 없이 잘살고 있는데 왜 사서 고생하려고 하느냐'라며 안정된 생활과 위치를 다 버리고 떠나겠다는 그녀의 선택을 말렸다. 사실 그녀에게는 입사 때부터 세계 일주에 대한 계획이 있었다. 여행을 위해 돈을 모았고 세계를 여행하기 위해 일찍부터 세계사, 세계 지리에 관심을 가졌다. 세계와 관련된 과목의 시험에서는 틀린 문제가 거의 없을 정도로 열심히 공부했다.

그녀에게 세계 여행은 오랜 꿈이었다. 그 시절 국내에는 중동 여행에 관한 책도 적었고 정보도 부족했다. 그녀는 세상 사람들이 무엇에 기뻐하고 슬퍼하고 궁금해하며 사는지 알고 싶었다.

결국, 그녀는 자신의 바람대로 걸어서 세계의 오지 곳곳을 다니며 여행했다. 그녀는 가난과 빈곤으로 고통스럽게 죽어 나가는 사람들을 보면서 아무것도 할 수 없는 자신의 한계에 억울함을 느꼈다. 그녀는 오지 여행을 통해 세계의 어려운 이웃을 돕는 것이 자신의 가슴을 뜨겁게 하는 일임을 깨달았다.

긴 여행에서 돌아와 그녀는 국제구호개발기구 월드비전의 긴급구호 팀장으로서 세계 각국의 재난 지역에 제일 먼저 달려가는 삶을 살아왔다.

꿈은 나 자신과 하는 약속이다. 무엇을 '하고 싶다'라고 꿈만 꾸어서는 이룰 수 없다. '하겠다'라는 약속과 더불어 실행을 해야 꿈을 이룰 수 있다. 한비야, 그녀는 자신과 한 약속을 지키기 위해 자기 위치에서 할 수 있는 노력을 끊임없이 해 왔다. 그랬기에 그녀는 약속 중에서도 가장 지키기 힘들다는 자신과의 약속을 지켰고 오랜 꿈을 이룰 수 있었다.

위기는 명품이 되는 과정이다

뷔페가 좋은 점은 음식 선택의 폭이 넓다는 것이다. 다양한 종류의 음식들 가운데 자신이 원하는 음식만 접시에 담아서 먹을 수 있고 음식 취향이 다른 사람들끼리도 각자가 좋아하는 음식을 먹으며 즐겁게 식사할 수 있다. 육식을 즐기지 않는 사람은 채식을 위주로 먹을 수 있고 특별히 먹지 못하는 음식이 있는 사람은 그 음식을 제외한 다른 음식을 기호에 맞게 골라 먹을 수 있다.

뷔페와 달리 우리의 인생은 편식이 불가능 하다. 원하는 일들만 선택해서 살아갈 수 없다. 즐겁고 행복하고 좋은 일도 있지만, 고통스럽고 힘든 일이 찾아와 우리를 좌절에 빠뜨릴 때도 있다. 한비야, 그녀 역시 지금은 많은 사람들의 존경과 부러움을 받고 있지만, 그녀의 인생 접시에도 힘들고 괴로워서 내려놓고 싶은 순간들이 담겨 있었다.

> "인생은 좋아하는 것만 골라 먹을 수 있는 뷔페가 아니라 좋은 것을 먹기 위해 좋아하지 않는 디저트가 따라오는 것도 감수해야 하는 세트 메뉴다."
>
> 《그건 사랑이었네》 중에서

그녀는 열다섯 살 때 갑작스러운 아버지의 죽음으로 형편이 어려워져 힘겨운 학창 시절을 보내야 했다. 열아홉 살에는 입시에서 떨어져 좌절을 맛보았다. 아버지가 계시지 않은데다 바로 밑에 동생이 있는 터라 재수는 불가능했다. 결국, 그녀는 고등학교만 졸업한 채 곧장 취업 전선으로 뛰어들었다. 생활비를 벌기 위해 클래식 다방 DJ, 번역, 과외 등 다양한 아르바이트를 하며 공부했다. 당시 같은 일을 해도 고등학교를 졸업한 사람이 받을 수 있는 돈은 정해진 임금의 반값이었기에 이틀에 한 번 꼴로 자면서 이를 악물고 공부했다. 아침에 아르바이트를 가려고 하면 잠이 부족해 눈앞이 노랗게 보이는 것은 다반사였다. 그녀는 졸음이 올까 봐 눈 밑에 박하향이 나는 로션을 발랐다.

그녀가 남들보다 일찍 나와 경험한 사회는 너무나 혹독했다. 무엇을 해도 안 되고 아무리 열심히 해도 세상이 합심하여 자신을 몰아치는 것 같은 느낌이었다. 그럴 때마다 그녀는 '어떻게든 참고 견디자. 이 고비를 넘기면 나는 더욱 단단해 질 것이다'라는 말을 일기에 적으며 스스로를 다독였다.

그렇게 버틴 6년 동안의 시간은 그녀를 단단하게 만들었고 스물여섯의 나이에 그녀는 4년 특별 장학생으로 대학에 입학 할 수 있었다. 방송과 강연을 통해 항상 밝고 긍정적인 기운을 주는 그녀이지만, 그녀에게도 포기하고 싶고 좌절했던 순간들이 있었다. 그 시간들을 참고 견디지 못했다면 지금의 한비야는 없었을 것이다.

"자신이 대장간의 칼이라고 생각해 보라. 대장장이가 작정을 하고 '나는 이 칼을 명품으로 만들어 볼 거야' 하고 마음을 먹으면 끝까지 두드릴 것이다. 뜨거운 물에 한 번 더 집어넣고 끝까지 두드려서 명품으로 만들 것이다. '나는 왜 이렇게 매일 뜨거운 불 속에 있어야 하고 왜 이렇게 매일 두드려 맞아야 하나'라는 생각이 든다면, 그 순간에 한 번 생각해 보라.

나는 지금 명품으로 만들어지는 칼이다."

—방송 중에서

모두의 시간표가 아닌, 나만의 시간표를 세워라

초등학교, 중학교, 고등학교의 공통점은 시간표가 있다는 점이다. 학년별, 반별로 나뉘어져 있는 획일화된 시간표로 모두가 같은 생활을 반복한다. 항상 누군가 짜 놓은 시간표를 받아 따르는 생활만 했기에, 성인이 되면 나만의 시간표를 어떻게 채워야 할지 막막해 한다. 한비야, 그녀에게도 자신의 시간표를 어떻게 채워 가야 할지 몰라 막막하던 때가 있었다.

그녀는 입시에서 낙방하고 큰 고민에 빠졌다. 담임선생님마저도 합격을 자신하셨고 본인도 무난히 합격할 수 있을 것이라 믿었는데 떨어지니 상심할 수밖에 없었다. 그녀는 대학 입시에서 떨어진 이후의 삶을 계획해 본 적이 없었다. 가족 중에 대학에 떨어진 사람도 없어 조언을 구할 길이 없었다. 그녀는 마치 철길을 탈선한 기차처럼 방향을 잃고 어떻게 일어서야 할지 몰라 막막해 했다. '일반적인 인생 시간표'에서 벗어난 자신을 어떻게 해야 할지 몰랐다.

아버지가 돌아가신 후 가정 형편도 어려워지고 바로 밑에 동생이 있었던 터라 재수는 꿈도 꿀 수 없었다. 대학에 입학한다고 해도 등록금과 생활비를 걱정하지 않고 공부할 수 있는 형편도 아니었다. 고민 끝에 그녀는 다른 사람들이 정한 인생 시간표에서 벗어나 자신만의 시간표를 세우기 시작했다. 고등학교 졸업 후, 바로 사회생활을 시작한 것이다. 그녀는 생계를 유지하기 위해서 생활비를 벌었지만, 늦더라도 꼭 대학에 가겠다는 목표를 세웠다.

'일반적인 인생 시간표'에 비추어 봤을 때는 조금 늦은 스물여섯의 나이에 대학에 입학했지만, 일찍이 사회생활을 한 덕에 누구보다 공부의 필요성을 느껴 충실하게 학교생활을 했다. 대학 졸업 후, 미국에서 국제 홍보학 석사과정을 마치고 외국계 국제 홍보 회사에 입사한 그녀는 다른 사람들에 비해 늦은 출발이었지만, 성실성과 업무 능력을 인정받아 승승장구했다.

그녀가 서른다섯의 나이로 모든 것을 내려놓고 배낭여행을 떠난다고 했을 때 주변에서는 우려가 적지 않았다. '남들은 20대에 배낭여행을 떠나는데, 지금까지 이룬 것을 두고 30대 중반이 되어 떠난다'라고 걱정했다.

늦은 나이에 떠난 여행에도 장점은 있었다. 나이가 들어 어느 정도 가치관이 정립된 터라 주변 분위기에 휩쓸리지도 않았다. 여행 내내 중심을 지킨 덕에 진정한 자신을 발견할 수 있었다. 그녀는 다른 사람들이 정해 놓고 지키려 하는 '모두의 인생 시간표' 앞에 전혀 흔들리지 않았다. 그녀는 '한비야만의 시간표'를 만들고 지키기 위해 최선을 다했다.

> "사실 대학을 늦게 가서 오히려 재미있었습니다. 공부의 필요성도 고등학교 졸업하고 바로 들어온 학생들보다 훨씬 뼈저리게 느꼈어요. 그러니 충실한 대학 생활을 할 수 있었습니다. 남들이 20대에 가는 배낭여행도 30대 중반에 갔습니다. 역시 재미있었어요. 20대에 갔으면 뭔지 모르면서 분위기에 휩쓸렸을 텐데 30대라서 중심을 잘 잡을 수 있었지요. 배낭여행 가기에 알맞은 시간이었습니다."
>
> — 인터뷰 중에서

대부분의 사람들은 다른 사람들이 미리 짜 놓은 인생 시간표대로 살기 위해 노력한다. 그 시간표대로 살아야 한다고 규칙이나 법으로 정해 놓은 것도 아닌데 조금이라도 벗어나면 뒤쳐졌다고 혹은 틀렸다고 생각한다. 사람마다 각기 다른 재능과 개성이 있듯이 우리는 모두 다른 시간표를 가지고 산다. '표준 시간표' '모범이 되는 시간표'는 없다. 각자 자신의 목표를 위해 시간을 계획하고 할 일을 채워 '자신만의 인생 시간표'를 만들어야 한다.

"사실 35세까지 누구도 저를 주목하지 않았습니다. 그러다 《바람의 딸 걸어서 지구 세 바퀴 반》이 출간된 이후에 사람들이 저를 알아보기 시작했어요. 가을 국화와 같이 저의 꽃봉오리는 35세에 터졌습니다. 20대에게 35세는 늦어도 한참 늦었다고 여겨지겠지요. 그러나 그때가 바로 '나의 때'였습니다. 표준 시간표대로라면 늦었지만 '나의 시간표'로 따진다면 정확히 바로 그때 핀 것이지요. 세상의 들꽃도 활짝 피어나는 시기가 있는데 하물며 사람이 피는 시간이 없겠어요? 중요한 것은 '꽃필 날'을 위해서 준비하는 거예요. 그때 활짝 필 수 있도록이요. 이런 생각을 하지 않고 남들이 정해 놓은 시간표대로 뭔가 이뤄지지 않았다고 안달을 내면 정작 자신의 때에 제대로 피어날 수 없습니다."

– 인터뷰 중에서

용기는 간절함에 비례한다

우리의 마음에는 '간절함의 용수철'이 존재한다. 늘어나고 줄어드는 탄성이 있는 용수철은 우리 마음속의 바람이 깊어질수록 점점 더 아래로 늘어나고, 간절한 순간 용기가 되어 우리를 실행으로 일으킨다. 많은 사람들이 한비야 그녀의 용기에 감탄하며 어디서 그런 용기가 나느냐는 질문을 많이 한다. 그녀도 처음부터 용기로 가득 찼던 것은 아니다. 그녀에게도 '간절함의 용수철'이 탄성으로 튀어 오르는 계기가 있었다.

그녀가 소말리아와 케냐의 국경을 여행하던 때였다. 그녀는 그곳에서 한 친구를 만났다. '아싼떼'라는 청년이었는데 그는 케냐에서 아주 유명한 안과 의사였다. 30대 중반으로 결혼도 하지 않은 젊은 의사였던 그는 오지에 들어와서 험한 일을 자처하고 있었다.

그녀가 도착했을 때, 그는 '풍토병'으로 고생하는 사람들을 치료하고 있었다. 환자들의 환부에는 진물이 흘렀고 그들을 돌보는 그의 손에는 장갑이 끼워져 있었지만, 진물이 타고 내려와 팔로 흐르고 있었다. 그럼에도 그는 싫은 내색은커녕 오히려 그 시간을 즐기는 듯 보였다.

그녀는 그가 '정말 좋아서 저 일을 하는구나. 누가 시켜서 하는 것이 아니라 자기 가슴이 시켜서 한다'라고 느꼈다. 날이 어두워졌을 때 그녀는 그에게 다가가 물었다.

"당신은 유명한 의사라던데, 왜 여기 와서 이렇게 험한 일을 하나요?"

"맞아요. 제가 케냐에 있었다면 잘 먹고 잘 살았겠죠. 그런데 제가 가진 재능과 기술을 돈 버는 데만 쓰는 것은 너무 아깝잖아요."

"……."

"무엇보다도 이 일이 내 가슴을 뛰게 하기 때문이죠."

그의 대답이 끝나기가 무섭게 그녀의 심장은 가파르게 뛰기 시작했고 머리는 망치로 때려 맞은 듯했다. 그동안 책에서 '가슴 뛰는 일을 해라' '마음에 귀를 기울여라'는 말을 수도 없이 봐 온 그녀였지만, 누군가의 입으로 직접 듣기는 처음이었다. 그의 말은 그녀의 마음을 너무나도 뜨겁게 만들었다. '만약 누군가 나에게 '한비야 씨는 왜 그 일을 하세요?'라고 물었을 때, '이 일이 내 가슴을 뛰게 하기 때문이죠'라고 대답할 수 있다면 나는 정말 행복한 사람이고 이 세상에 나온 보람이 있겠구나'라고 생각했다.

> "누군가 '지금 왜 이 일을 하고 계세요?'라고 물으면 저는 한 치의 망설임 없이 얘기할 수 있어요. 이 일이 내 가슴을 뛰게 해요. 이 일이 내 피를 끓게 해요. 이런 일을 만날 수 있어서 정말 너무나 너무나 땡잡았다고 생각해요."
>
> – 방송 중에서

한비야는 오지 여행을 하면서 세계 곳곳의 안타까운 사연을 직접 눈으로 지켜보았다. 그곳 사람들은 배가 고픈데 먹을 식량이 없어서 독초를 씹어 먹었다. 배를 독초로 채운 아이들은 서서히 죽어 나갔다. 그들은 깨끗한 물이 없어서 오염된 물을 마셨고 피부를 뚫고 나오는 기생충에 고통스러워했다. 그들에게 목숨은 너무나도 쉽게 끊어질 수 있는 끈이었다. 삶과 죽음이 동전의 양면처럼 너무나 가까이 붙어 있었다. '오늘 죽느냐, 조금 더 살다 죽느냐', 이것이 그들의 눈앞에 놓인 현실이었다. 그곳은 사람의 목숨이 한 철 곤충보다 못했다. 그들을 살리는 데 필요한 것은 복잡한 수술도, 비싸고 좋은 약도 아니었다. 2주일간 먹을 수 있는 영양죽이면 그들은 살 수 있었다. 그런 오지의 현실은 그녀의 마음을 억울하게 했다. 그런 그들을 눈앞에 두고도 아무것도 해 줄 수 없어 그녀는 무척 안타까웠다. 그렇게 그녀의 마음속에는 뜨거움의 불씨가 타기 시작했다.

> "지구도 사람처럼 약한 곳부터 탈이 나는데 거기가 바로 아프리카다. 아이들이 저렇게 고름으로 짓무른 채 서서히 굶어 죽어 가고 있는 것이다. 집에선 아프다고 비명을 지르고 굶어 죽어 가고 있는데 혼자서 배불리 먹는다고 행복할까요. 소방관에게 불구덩이가 일터이듯이 저에게는 재난 현장이 일터예요. 이번에 과연 살아 돌아갈 수 있을까 하는 생각을 왜 안 하겠어요? 그러나 제가 해야만 하는 일이니까 가는 거죠."
>
> – 한비야의 글 중에서

그녀는 7년간의 오지 여행 끝에 결심했다. 돌아가면 국제 홍보학인 전공을 살려서 난민 구호 단체에 들어가겠다고. 홍보를 전공하고 목소리도 크고 말도 빠른 자신이 하기에 더없이 적합한 일이 그곳에 있을 것이라고 판단했다. 오지 배낭 여행이 그녀의 가슴에 열정의 불씨를 심어 준 것이다.

> "용기는 무엇인가 간절히 하고 싶은 강도가 크면 클수록 다른 것들을 희생하는 것입니다. '죽어도 좋다'고 생각할 만큼 간절히 원하는 것이 있다면 그 일을 할 수 있는 것이지요. 용기는 '자기가 선택한 일이 얼마나 하고 싶은가'에 정비례합니다."
>
> – 인터뷰 중에서

"정말로 어떤 것을 하고 싶으면 그것을 할 용기가 납니다. 간절함이 중요합니다. 진실로 자기가 선택한 그 일을 위해 자신이 지닌 100퍼센트를 쏟아부어도 아깝지 않다고 생각될 때 용기가 생깁니다. 9년간 월드비전에 있으면서 정말 행복했습니다. 당시 저의 몸값은 '0원'이었습니다. 그것이 분쟁 지역에서 활동하는 구호 요원의 몸값입니다. 저는 목숨 걸고 현장을 지켰습니다. 수천 명의 죽은 시체를 보고도 사선으로 뛰어 갔습니다. 트라우마가 있어도 숨기고 자원해서 갔습니다. 나를

> 가슴 뛰게, 견딜 수 없게 만드는 것이 바로 그 현장이었기에 갔습니다. 용기가 나지 않는다고요? 다시 한 번 잘 생각해 보세요. 자신이 그것을 정말로 원하고 있는지를요. 정말로 원하면 행동에 옮깁니다."
>
> – 인터뷰 중에서

해 보지도 않고
자신의 한계를 규정짓지 마라

사람의 능력은 땅 속의 원석과도 같다. 땅 속에 파묻혀 있을 때는 아무도 원석의 존재를 모르다가 가공되고 다듬어지는 과정을 거쳐 보석이 된다. 어떻게 다듬고 손질 하느냐에 따라 갖가지 진귀한 보석이 탄생한다. 사람의 능력 또한 마찬가지다. 주어진 능력을 어떻게 사용하느냐에 따라 무한대의 능력을 발휘하고 생각지도 못한 결과를 만들어 낼 수 있다.

한비야가 국제 홍보 전문가 자리와 눈앞에 둔 승진 기회를 버리고 세계 일주를 선택했을 때, 사람들은 그녀의 선택을 말렸다. 남들보다 늦게 시작해 고생도 많이 했고 이제 겨우 생활이 안정되어 편히 살 수 있는데 그 모든 것을 버리면 후회하게 될 것이라고 말했다.

주변의 우려와는 달리 그녀는 해남의 땅 끝 마을에서 시작해 통일 전망대까지 도보로 국토를 종단하고 걸어서 지구 세 바퀴 반을 돌았다. 이후 NGO 전문가로, 베스트셀러 작가로 활동하며 꿈의 반경을 넓혀 갔다. 우리의 능력이 어디까지인지는 도전하기 전에는 알 수 없다. 그러므로 자신의 한계 역시 시도하기 전에 함부로 규정지어서는 안 될 것이다.

> "기본적으로 사람은 스스로 생각하는 것보다 훨씬 멋집니다. 훨씬 가능성이 많다고요. 해 보는 데까지가 자기 가능성입니다. 해 보지도 않고 '나는 여기까지'라고 포기하는 것은 정말 안타까운 일입니다. 대부분이 자기가 한계라고 정해 놓은 지도 밖으로 나가지 않습니다."
>
> – 인터뷰 중에서

그녀의 '모험'이 멋진 이유

"서른다섯에 모든 것을 버리고 새로 도전할 수 있다는 것이 놀랍고 대단한 것 같아요. 저는 지금 두 번 실패한 것 때문에 친구들에 비해 뒤처지는 것은 아닌지, 낙오하는 것 아닌지 걱정했었는데……. 어쩌면 제가 친구들보다 빠를 수 있겠다는 생각이 들었어요. 저도 다른 사람들의 시간표가 아닌, '박유진만의 시간표'로 다시 마음잡고 열심히 해 봐야겠어요."

주먹을 불끈 쥐고 굳게 다짐하는 유진이의 모습에서 의지가 느껴졌다.

시간표는 사람마다 각기 다르다. 남이 만든 시간표를 따라가며 다른 사람과 비교하기보다는 자신의 목표를 향해 시간표를 짜고 적당한 속도로 달리는 자세가 필요하다. 다른 사람들과 비교하지 않고 자신만의 20대, 30대, 40대 50대를 만들어 가는 한비야, 그녀의 모습이 참으로 아름답다.

> "저는 인생은 지금부터라고 생각합니다. 50대, 축구로 따지자면 전반전 끝나고 후반전 5분 정도 지났을 뿐입니다. 모든 것은 후반전에 결정 나잖아요. 골도 후반전에 많이 들어가고요. 전·후반에 결정 내지 못하면 연장전도 있습니다. 승부를 가리지 못하면 페널티 킥으로 결정합니다. 그때 모든 것이 결정 날 수도 있어요. 가끔 가다가 재경기도 하더라고요. 저는 지금까지의 경험과 지식, 네트워크를 합해 50대에 활짝 필 것입니다. 책을 여러 권 썼는데 작가로서는 70대가 전성기일 수 있어요. 지금까지는 설익은 것들이 많았습니다. 그때까지 인생을 잘 살면 더 깊은 이야기를 쓸 수 있을 것 같아요. 등산을

하다 보면 5부 능선에서 보는 경치와 7부나 9부 능선에서 보는 경치는 완전히 다릅니다. 인생도 마찬가지라고 생각됩니다."

– 인터뷰 중에서

김수영

어린 시절 그녀의 집은 무척 가난했다. 사람들은 반항하는 그녀를 철부지, 말썽쟁이로만 보고 혼내려 할 뿐 누구도 진심으로 다가와 주지 않았다. 주변의 시선은 따갑고 너무나 외로웠던 그녀는 결국 가출했다. 폭주족들과 어울렸고 싸움에 휘말려 칼을 맞기도 했다. 서태지와 아이들의 노래 'Come Back Home'을 듣고 열심히 살면 '더 나은 미래를 만들 수 있지 않을까'하는 생각이 들어 집으로 돌아왔다. 그녀는 검정고시를 통해 또래 친구들보다 1년 늦게 실업계 고등학교로 진학했다. 대학교에 진학해 졸업 후에는 국제 금융시장을 주도하는 기업 골드만삭스에 입사했는데 8개월 만에 몸에 암세포가 발견돼 회사를 그만두어야 했다. 암 발병으로 충격을 받은 그녀는 죽기 전에 자신이 하고 싶은 일이 무엇인지 되돌아본다. 이후 자신이 하고 싶은 일을 적기 시작, 73개의 꿈 중에 48개의 꿈을 이루며 많은 사람들에게 열정을 전염시키는 훌륭한 멘토가 되었다.

'내 인생은 왜 이래' '왜 나만 이래' '나는 이래서 안 돼 저래서 안 돼'라며 자신의 모습에 미리 실망하고 포기한 적이 있다면 그녀의 이야기를 들려주고 싶다. 열정을 가지고 행동하면 이루지 못할 꿈이 없다는 것을 삶으로 증명한 그녀의 이야기를……

스무 살
여자라면,
그녀들처럼

:김수영 작가·기업인

드림파노라마 대표

로열 더치 셸 카테고리 매니저
골드만삭스 애널리스트
런던대학교 대학원 중국경제경영학 석사
연세대학교 영어영문학과 학사
여수정보과학고등학교

《당신의 꿈은 무엇입니까》
《드림레시피》
《멈추지마, 다시 꿈부터 써봐》

8장에서 인용 출처 표기가 없는 내용은《멈추지마, 다시 꿈부터 써 봐》에서 부분 발췌한 것입니다.

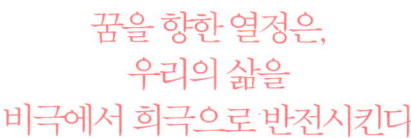

꿈을 향한 열정은, 우리의 삶을 비극에서 희극으로 반전시킨다

김수영의 '열정'

저는 올해 스물세 살이에요. 학교는 고등학교까지밖에 안 다녔고요. 중고등학교 시절 가정 형편의 어려움도 있었고 부모님과의 의견 충돌로 3년의 세월을 방황하며 지냈어요. 인문계에 가서 공부로 대학에 갈 성적은 아니었는데 남들의 이목 때문에 부모님께서는 억지로 저를 결국 인문계 고등학교에 보내셨어요. 학교생활에 제대로 적응하지 못하고 공부에도 소홀했던 저는 이대로는 안 되겠다 싶어 자퇴를 하고 검정고시를 치르고 싶었지만, 부모님께서는 완강하게 반대하

> 셨어요. 결국, 저는 학교를 다닐 수밖에 없었죠. 그러다 보니 수업도 제대로 듣지 않았고 친구들과도 어울리지 않았어요. 그 이후로는 부모님도 제게 관심 가져 주지 않으셨고요. 저는 이런 제 상황이 너무나 싫었어요. 반항심에 집 밖에 나가지도 않고 아무것도 하지 않으면서 지냈어요. 그러다 최근에 SNS를 통해 우연히 친구 소식을 듣게 됐는데, 전교에서 꼴지를 하던 아이가 지금은 말하면 누구나 다 아는 회사에 다니고 있더라고요. 그동안 얼마나 노력을 했을지……. 물론 회사가 인생의 전부는 아니지만, 전교 꼴등을 하던 친구의 인생이 180도로 달라졌다는 사실에 무척 놀랐어요. 그런 일이 정말 가능하다면 저도 다시 시작해 보고 싶은데, 제가 할 수 있을까요? (박미희, 23세)

상담소에서 만난 미희의 고민이다. 사춘기 시절, 어려워진 가정 형편으로 미희의 부모님에게는 생계유지가 가장 시급했기에 미희는 늘 뒷전으로 밀려났다. 미희는 학교생활에도 잘 적응하지 못하고 친구들과도 잘 어울리지 못하는 자신에 대한 불만이 커져 갔다. 자퇴를 하겠다고 말씀드리니 부모님께서는 어림도 없는 일이라며 그녀를 나무라셨다. 검정고시 학원을 보내 줄 형편이 되지 않았기에 그녀의 선택을 존중해 줄 수 없었던 것이다. 결국, 그녀와 부모님

사이의 갈등은 점점 더 커져만 갔다. 그녀는 그렇게 방황하며 3년의 시간을 보냈다.

이랬던 미희가 우연히 알게 된 친구의 소식에 마음이 달라졌다. 더 늦기 전에 자신의 삶도 바꿔 보고 싶다는 마음이 생긴 것이다. 드라마나 다큐멘터리에 나오는 주인공들이 경험하는 삶의 반전은 너무나도 흔했지만, 현실의 자신에게는 불가능한 일이라고 생각했다. 꿈같은 인생 역전을 이룬 친구의 소식에 그녀도 세상 밖으로 나오고자 하는 용기가 생긴 것이다.

자신을 포기하지 않고 절망 속에서 나오려는 미희의 간절한 용기가 너무나 기특했다. 나는 미희에게 본인의 삶도 얼마든지 변할 수 있고 그럴 가능성이 있음을 알려주고 싶었다. 그래서 자신의 가능성을 믿고 꿈을 실현하기 위해 노력하는 김수영의 이야기를 들려주기로 했다.

젊다는 이유 하나만으로 꿈꿀 수 있는 자격은 충분하다

김수영, 그녀의 어린 시절 이야기이다. 그녀는 초등학교 5학년 소풍 날, 아이들 앞에서 당시 유행하던 텔레비전 프로그램을 패러디해 큰 박수를 받았다. 그런데 집으로 돌아갈 무렵 덩치 큰 학생에게 '잘난 척 하지 마라'는 경고를 받았고 이후 따돌림을 당했다. 이후 그녀는 학교생활에 흥미를 느끼지 못했다. 그 무렵 사업에 실패하신 아버지는 매일 술을 드셨고 그녀에게 화풀이를 하셨다. 그녀는 학교와 집, 세상 어느 곳에서도 자신을 따뜻하게 반겨 줄 곳이 없다고 생각했다. 화가 나서 담배도 피워 보고 술도 마시며 반항 했지만, 그럴 때마다 돌아온 것은 어른들의 차가운 매질뿐이었다. 그녀는 온몸이 만신창이가 되도록 맞았다. 그녀는 누구보다 사랑받고 싶고 관심 받고 싶었지만, 자신의 마음과는 반대되는 튀는 행동으로 선생님들과의 갈등만 일으켰다.

폭주족들과 어울리며 오토바이를 타던 그녀의 모습을 보신 아버지는 집에 돌아온 그녀의 머리카락을 가위로 자르며 '나는 너를 포기했다'라고 말씀하셨다. 어디에도 마음 둘 곳이 없던 그녀는 '난 정말 쓸데없는 아이, 이 사회에 필요 없는 아이'라고 생각했다. 학교에 다니는 것이 점점 싫어졌고, '모두가 나를 포기했다면 나라는 사람이 필요할까?'라고 생각했다. 결국, 그녀는 가출을 결심했고 친구 집과 주유소 등을 전전하며 지냈다. 패싸움으로 죽을 고비도 여러 번 넘겼다.

집을 나와 있을 때였다. 그녀는 우연히 서태지와 아이들의 노래 'COME BACK HOME'을 듣게 되었다. 그녀는 노래 가사 중 '아직 우린 젊기에, 괜찮은 미래가 있기에, 자 이제 그 차가운 눈물을 닦고 COME BACK HOME'이라는 가사에 가슴 사무치는 위로를 받았다. 지금껏 자신에게 괜찮은 삶을 살 수 있다고 말해 주는 사람이 없었는데, 그 노래만이 유일하게 희망을 심어 준 것이다. 그녀는 막연한 희망을 품고 더는 이렇게 살지 않겠다고 결심하고 집으로 돌아왔다. 집에 돌아오니 그녀를 찾기 위해 전국을 수소문하고 돌아다닌 어머니가 계셨다. 그녀는 자신을 위해 간절히 기도하는 어머니의 모습을 보고 열여섯 살의 오랜 방황을 끝냈다.

> "주위를 둘러봐 널 기다리고 있어 그래 이젠 그만 됐어 나는 하늘을 날고 싶었어 아직 우린 젊기에 괜찮은 미래가 있기에 자 이제 그 차가운 눈물을 닦고 COME BACK HOME YOU MUST COME BACK HOME"
>
> 서태지와 아이들 〈COME BACK HOME〉

그녀는 검정고시로 실업계 고등학교에 진학했다. 당시 실업계 고등학교에서는 졸업 후 바로 취직을 해야 했기에 학업보다는 사회생활에 직접적인 도움이 되는 기술을 가르쳤다. 그녀의 부모님 역시 취직해서 바로 결혼하기를 바라셨다. 그렇지만 그녀의 생각은 달랐다. 그녀는 졸업 후 바로 취직한 자신의 모습을 상상하니 싫었다. 그 모습이 잘못된 것은 아니었지만, 그것이 전부라고 생각하니 가슴이 답답했다. 부모님과 선생님이 원하시는 대로 취직해서 돈을 모아 결혼해서 사는 것보다는, 넓은 세상을 누비며 사는 자신의 모습을 상상했을 때 가슴이 두근거렸고 행복할 것 같았다.

그녀는 자신의 처지에 불평불만을 늘어놓는 대신 미래를 바꾸기 위해 공부를 시작했다. 경제적 여유가 없어 학원은 꿈도 꿀 수 없었고 문제집을 살 형편도 되지 못했다. 그녀는 쓰레기 더미에서 문제집을 구해 와 남이 풀었던 흔적을 지우개로 모두 지워서 다시 풀었다. 퀴즈 프로그램 〈도전! 골든벨〉에 출연해 실업계 고등학교 학생으로는 최초로 골든벨을 울리기도 했다. 대학 졸업 후에는 국제 금융시장을 주도하는 기업 골드만삭스에 입사했다. 그렇게 승승장구하던 어느 날, 최선을 다해 살던 그녀에게 청천벽력과 같은 일이 벌어진다. 그녀 나이 스물다섯, 암 진단을 받게 된 것이다.

'열심히 살아온 나에게 도대체 왜 이런 일이 일어난 것일까?'
'내가 그동안 얼마나 열심히 살았는데, 어떻게 나한테 이럴 수가 있지?'

그녀는 암 진단을 받고 별의별 생각이 다 들었다. 방황하던 실업계 여고생이 모두가 부러워하는 선망의 대상되어 고생 끝에 행복이 시작되나 싶던 찰나였기에 좌절감은 이루 표현할 수 없을 정도였다. '벼랑 끝에서 출발해도 삶은 성공할 수 있다'라고 생각했는데 예상치 못했던 암 소식에 그녀는 세상이 원망스러웠고 억울했다. 예전 같이 방황하던 때라면 더 잃을 것도, 더 내려갈 곳도 없었기에 죽음도 두렵지 않았지만, 당시는 그렇지 않았다. 그동안의 노력으로 쌓아 온 것이 있었기에 죽고 싶지 않았다. 정말이지 멋지게 살아 보고 싶었다.

다행히도 수술을 통해 그녀의 암은 바로 완치가 되었다. 이후 그녀의 삶은 180도로 달라졌다. 인생에 있어 멀게만 생각했던 죽음이 생각보다 가까이 있음을 깨닫자 생각에 변화가 찾아왔다.

'사람은 언제 죽을지 모르는 존재이구나. 언젠가 죽을 것이라면 지금 이 순간 행복해야지, 남들에게 보이는 삶을 위해 불필요한 일들을 해서는 안 되겠구나. 살아 있을 때 해 보고 싶은 것을 다 해 보고 죽어야겠구나' 하는 생각이 들었다. 그녀는 곧바로 죽기 전에 꼭 이루고 싶은 꿈을 적어 나가기 시작했다. 그 후, 83개의 꿈에 도전하며 많은 사람들에게 열정과 용기를 주는 꿈 멘토로서의 삶을 살고 있다.

현재 자신이 다른 사람들보다 느리거나 잘못된 길에 들어섰다고 해서 좌절하고 포기해서는 안 된다. 다른 사람들의 시간표와 잣대를 기준으로 자신을 비교하고 저울질해서는 안 된다. 비록 지금까지는 느리고, 어긋났다고 할지라도 그것을 뒤집을 수 있는 시간과 기회는 내 노력에 달려 있다. 노력에 따라 결과는 얼마든지 달라질 수 있고 역전 또한 얼마든지 가능하기 때문이다.

사람의 가능성이라는 것은
아무도 모른다

바닷가에 가면 무수히 많은 돌멩이가 있다. 같은 바닷가에 있는 것이라고 해도 크기와 모양, 깎인 정도는 천차만별이다. 어떤 돌은 바닷가에 있는 많은 돌들 중 하나에 그치지만, 어떤 돌은 파도에 부딪혀 매끈하게 깎여 장식품으로 가치가 있는 돌이 될 수도 있다. 길가에 널린 하찮은 돌이라도 어떻게 다듬고 가공하느냐에 따라 작품이 될 가능성이 있다는 얘기이다.

사람도 마찬가지다. 사람에게는 무한한 가능성이 존재한다. 포기하지 않고, 자신의 한계를 설정하지 않고 노력한다면 운명은 달라질 수 있다. 김수영 그녀처럼 말이다. 그녀는 오랜 방황 끝에 집으로 돌아왔지만, 마땅히 갈 곳이 없었다. 그녀가 밖으로 돌자 학교에서는 이미 자퇴 처리를 한 상태였다. 그녀는 독학으로 공부해 시험을 봐서 중학교 졸업 자격을 따고 고등학교에 입학했다. 인문계의 교육 강도에 적응하기도 어려울 것 같았고 어려운 가정 형편에 빨리 졸업해서 취직하기 바라시는 부모님의 뜻도 결정에 영향을 주었다.

고등학교에서의 생활은 생각보다 쉽지 않았다. 한 살 어린 동생들과 친구처럼 지내는 것도 불편하고 힘들었으며 오랜 방황 끝에 다시 찾은 학교라 생활은 이전보다 더욱 적응하기가 어려웠다. 그녀는 너무나 힘든 나머지 몇 번이나 학교를 그만두려고 고민했었다.

그러던 어느 날이었다. 교실에 들어오신 선생님께서 떠드는 아이들을 향해 말씀하셨다.

"너희들, 실업계 고등학교에 왔다고 해서 인생이 끝난 것이 아니야. 지금부터 3년 동안 열심히 하면 좋은 곳에 취직도 할 수 있고 대학에도 갈 수 있어. 그러니 미리 포기하지 말고 열심히 해 봐."

선생님의 말씀은 그녀에게 '아직 기회가 있다'라는 말처럼 들렸다.

'선생님 말씀처럼 나도 공부하면 대학에 갈 수 있을까?'

그녀는 고민 끝에 지금까지 자기가 살아온 모습을 되돌아 봤다. 지금껏 그녀는 공부라는 것을 제대로 해 본 적이 없었다. 이후 그녀는 자신이 공부에 관심을 갖도록 해 준 선생님의 말씀에 용기를 얻어 고등학교 1학년 첫 중간고사를 2주 앞두고 공부라는 것을 하기 시작했다.

태어나서 처음으로 공부를 해 보겠다고 마음먹은 그녀의 결과는 아주 놀라웠다. 전교 1등을 한 것이다. 그녀가 전교 1등을 하자 그녀를 대하는 선생님들의 태도도 달라졌다. 여태껏 미움만 받고 뭐든 하기만 하면 선생님들께 혼났기에 평소 선생님들과는 눈도 마주치지 않던 그녀였다. 그런데 그녀가 전교 1등을 하자 장학금이 주어졌고 모든 선생님들이 그녀를 알아보고 칭찬해 주셨다. 지나가다 마주치면 '그래, 열심히 해'라며 격려의 말씀도 아끼지 않으셨다. 그녀는 난생 처음 받아 보는 따뜻한 관심과 격려에 무척 기뻤다. 그녀에게 쏟아지는 격려와 관심은 공부에 대한 흥미와 동기를 부여해 주었다. 그녀는 처음으로 자신에게도 가능성이 있음을 느꼈다.

예쁜 모양의 돌멩이는 원래부터 예쁜 모양이었을까? 그렇다면 모난 돌멩이는 계속 모난 돌멩이로밖에 살 수 없는 것일까? 그렇지 않다. 예쁜 돌은 오랜 시간 거친 파도에 깎이고 잔잔한 파도에 부드럽게 씻기며 바람과 햇빛을 고루 쐰 끝에 만들어진다. 지금 모났다고 해서 가치가 없다고 단정지을 수는 없다. 사람도 마찬가지다. 어떻게 노력하고 발전시켜 나가느냐에 따라 미래는 얼마든지 달라질 수 있다. 가능성이라는 것은 아무도 모르니까 말이다.

> "우리가 다듬어지지 않은 원석이라면 어떻게 깎느냐에 따라 다이아몬드가 될 수도 있고 아무런 가치가 없는 돌덩이로 버려질 수도 있다. 새로운 환경에서 비바람을 맞으며 스스로를 깎아 내는 고통을 감수할 때, 우리는 자신만의 고유한 색깔로 빛을 발하며 보석으로서의 진가를 드러내는 것이 아닐까? 도전과 고통을 이겨내고 나 자신과 직면할 때, 마음속 '꿈'이라는 보석은 오색찬란한 별이 되어 빛날 거라고 굳게 믿는다."

아직 제대로 깎이지도 않고 다듬어지지도 않았는데 일찍부터 '나는 안 돼! 나는 틀렸어!'라고 생각하며 자신을 포기해서는 안 된다. 지금 여러분은 멋진 모습으로 다듬어져 가는 중이니까 말이다.

꿈이 생기면
삶을 대하는 태도가 달라진다

나무는 뿌리와 몸통, 꼭대기로 이루어져 있다. 나무를 구성하는 각각의 부위는 모두 중요하지만, 이 중에서 가장 중요한 것은 뿌리이다. 뿌리는 땅속의 영양분을 공급하는 통로이기 때문에 나무의 생존에 있어서 무척 중요하다. 특히 여름철 장마와 태풍, 겨울의 강풍과 폭설을 이겨내고 버티기 위해서는 뿌리가 튼튼해야 한다.

나무의 뿌리처럼 사람에게도 뿌리 같은 역할을 하는 것이 있다. 바로 꿈이다. 튼튼하고 간절한 꿈은 살면서 만나게 될 무수한 실패와 역경 속에서 쓰러지지 않도록 잡아 주는 역할을 한다.

김수영, 그녀 역시 방황을 했지만, 온갖 좌절과 역경에도 쓰러지지 않은 것은 꿈이 있었기 때문이다. 그녀는 대학 진학을 목표로 본격적인 공부를 시작했는데 인문계와 실업계의 교과과정은 확연히 달랐다. 그녀는 첫 번째 모의고사에서 400점 만점에 110점을 받았다. 어느 대학에도 갈 수 없는 성적이었다. 결심하고 시작한 공부였지만 성적에는 큰 발전이 없었다. 더 큰 문제는 대학에 가야겠다는 생각은 있었지만, 뚜렷한 목적이 없다는 것이었다.

그러던 어느 날이었다. 그녀는 도서관에서 공부하다가 답답한 마음이 들어 밖에 나와 신문을 읽었다. 그때 그녀의 시선을 사로잡는 한 장의 사진이 있었다. 당시 이스라엘과 팔레스타인 간에 무력 충돌이 있었는데, 그 과정에서 다섯 살 된 어린아이가 총에 맞아 죽었는데 아버지가 아이를 안고 오열하는 모습이 사진 속에 담겨 있었다. 그녀는 사진을 보고 너무 큰 충격을 받았다.

'그동안 나는 반항도, 방황도 전투적으로 해 봤고 관심 없던 공부에도 최선을 다하며 나름대로 치열하게 살았다고 생각했는데……. 지금 이 순간에도 생사의 현장을 오가는 사람이 있다니. 여태껏 나는 내 세상만 힘들고 최악의 상황이라고 생각하며 한탄했는데, 나는 정말 우물 안의 개구리였구나. 철없이 어리광만 부려왔구나.'

그녀는 이렇게 자신의 철없던 시절을 반성했다.

'이렇게 심각하고 큰 이슈를 왜 나는 몰랐었지? 어떻게 하면 이런 일에 앞장서서 변화를 주도하고 소식을 전달할 수 있을까? 만약 그런 일이 있다면 그 역할을 내가 한번 해 보면 어떨까?'

생각 끝에 그녀는 기자라면 그런 역할을 할 수 있을 것이라고 생각했다. 이후 그녀는 기자라는 꿈을 갖게 되었다.

그녀는 기자가 되려면 대학을 나와야 한다는 주변 사람들의 조언에 백지연 앵커를 롤 모델로 하여 연세대학교에 들어가겠다는 목표를 세웠다. 이런 그녀의 굳은 결심에도 주변의 반응은 냉랭했다. 학교가 개교한지 50년 이래로 4년제 대학에 진학한 학생이 단 한 명도 없었기 때문이다. 모두가 그녀의 목표를 너무 허황된 꿈이라고, 불가능하다고 말했다.

주변의 부정적인 반응에 그녀 역시 흔들리기도 했다. 그럼에도 마음속 뿌리 깊게 자리 잡은 꿈이 있어 쉽게 꺾이지는 않았다. 그녀는 자신에게 생긴 꿈을 이루기 위해 더 열심히 공부했다. 똑같은 문제집을 세 번씩 봤고 한 달에 한 권씩 새로운 문제집을 풀었다. 아침 7시부터 새벽 1시까지 공부만 했다. 그렇게 열심히 공부한 끝에 그녀는 수능 400점 만점에 375점을 받았다. 결국, 그녀는 자신이 원하는 대학에 당당히 합격했고 대학생이 된 후 신문사에서 인터넷 기자로 활동하며 첫 번째 목표를 이루었다.

이후로 꿈은 계속 바뀌었지만, 꿈이 생기면서 그녀의 삶은 완전히 달라졌다. 오랜 방황으로 몸과 마음이 만신창이였던 그녀가 꿈이 생기자 밝고 긍정적인 사람이 되었다. 그러자 삶도 점점 더 나은 방향으로 흘러갔다. 그녀는 하나둘씩 꿈을 이루며 자신의 가능성을 믿고 새로운 일에 도전했다. 꿈이 그녀를 끝이 보이지 않는 바닥으로부터 구해준 것이다.

"무수한 실패와 좌절 속에서도 포기하지 않도록 나를 일으켜 준 것은 꿈이었다. 꿈이 있을 때 나는 비참하리만큼 힘겨

> 왔던 절망의 순간을 넘어 기적을 이루어 냈고, 꿈이 없었을 때는 세상 모든 것을 가지고도 힘없이 무너졌다."

사람에게 꿈은 또 하나의 심장이다. 심장이 펌프질을 해서 들어온 혈액을 밖으로 뿜어 내 혈액순환을 돕듯이, 꿈은 용기와 희망을 뿜어 내 우리를 살아가게 한다. 심장이 없으면 살 수 없듯이 우리의 삶에는 제2의 심장인 '꿈'이 필요하다.

> "꿈이라는 확고한 뿌리가 없던 시절의 나는 현실의 무게를 이기지 못하고 수없이 뛰쳐나갔다. 그러나 꿈을 써 내려간 후 세계 곳곳에서 온몸으로 부딪히고 맨땅에 헤딩하는 경험을 통해 꿈을 이뤘고, 이상과 현실이 조화를 이룰 수 있을 때 지구 별이란 정말 살아볼 만한 멋진 곳임을 깨달았다."

진짜 내 꿈을 찾기 위해서는 '삽질'이 필요하다

고구마, 감자, 마, 연근과 같이 땅속에서 자라는 작물들이 있다. 이런 작물들이 한 데 모여 있을 때 고구마만 골라서 캐려면 어떻게 해야 할까? 밖으로 나온 잎을 보고 고구마를 찾을 수 있는 사람은 수월하겠지만, 고구마 잎이 생소하다면 감자도 캐고 연근도 캐면서 어렵게 고구마를 찾을 것이다. 이곳저곳 삽질한 끝에 고구마를 찾을 수 있을 것이다.

  꿈을 찾는 일도 마찬가지다. 꿈을 찾으려면 고구마를 캐는 것보다 더 숱한 삽질이 필요하다. 진짜 내 꿈을 찾기 위해서는 이곳도 파고 저곳도 파 보는 삽질의 과정이 필요하다. 꿈은 누가 미리 정해 놓은 것이 아니기 때문에 경험을 통해 자신에게 맞는 것을 찾을 수 있다.

  김수영. 그녀에게도 자신의 꿈을 찾기 위한 삽질의 여정이 있었다. 그녀는 진짜 자신을 찾고 원하는 것을 얻기 위해 10년 동안 다양한 경험을 했다. 대학교 때는 20가지의 아르바이트를 했다. 과외는 기본이었고 다수의 경력으로 인터넷 강의도 했다. 번역, 속기, 백화점 모니터링, 리서치 회사 좌담회 아르바이트 등을 경험했다. 아르바이트로 마련한 수입으로는 호주로 교환학생을 떠났고 20여 개의 나라를 돌아다니며 배낭여행을 했다. 경비를 아끼기 위해 6명이서 한 방에 자는 숙소에서 잠을 잤고 야간 버스를 타고 12시간씩 이동하기도 했다. 그녀는 최소한의 경비로 다양한 경험을 시도했다. 그렇게 많은 경험을 시도한 그녀였지만, 자신이 진정으로 원하는 것이 무엇인지는 알지 못했다.

  '골드만삭스에 들어가고 하버드대학교에서 MBA 과정을 밟고, 맥켄지 컨설턴트가 돼서 파트너까지 하자.'

그녀도 남들이 말하는 스펙의 강박관념에 사로잡혀 있었고 스펙으로 쌓은 디딤돌을 밟아 가며 승승장구하는 것이 인생의 성공이라고 생각했다. 노력 끝에 그녀는 세계적인 증권 회사 골드만삭스에 입사했다. 부푼 꿈을 안고 입사했지만, 금융의 '금'자도 모르고 자신의 돈도 어떻게 관리해야 할지 모르는 그녀였기에 업무는 힘들기만 했다. 모니터에서는 수천억 원이 왔다 갔다 하는 광경이 펼쳐졌지만, 전혀 흥미롭지 않았다. 그때였다. 여행지에서 활기차게 움직이던 자신의 모습이 떠올랐다.

'나는 자유롭게 세상을 돌아다니면서 새로운 경험에 도전하고 사람들과 교감하는 것을 좋아하고 잘한다.'

그동안 수많은 삽질의 과정이 진짜 그녀의 꿈을 찾을 수 있도록 안내해 준 것이다. 그녀는 자신이 무엇을 좋아하고 잘하는지 숱한 경험을 통해 깨달았다.

꿈은 면접장에 줄 선 지원자처럼 가만히 있는다고 찾아오는 것이 아니다. '똑똑똑, 저를 당신의 꿈으로 받아 주시겠습니까?'라며 먼저 문을 열고 다가오는 꿈은 없다. '똑똑똑, 혹시 그 쪽이 나의 꿈이 맞는지 확인 좀 해 보겠습니다'라는 삽질의 과정과 경험이 필요하다. 움직이지 않고 가만히 있으면 원하는 것을 찾을 수 없다. 꿈은 가만히 있는 사람에게는 절대 찾아오지 않는다.

"깨져도 보고, 삽질도 해보고, 땅 속에 석유가 있을 수도 있고, 다이아몬드 원석이 있을 수도 있고, 뭔가가 있다. 가만히 있으면 아무것도 찾을 수가 없다."

– 강연 중에서

"가만히 있는데 기회가 알아서 찾아오지는 않는다. 세상에 열심히 들이댔기 때문에 나를 알아주는 것이다. 때문에, 내가 가만히 방 안에만 있으면 아무도 여러분을 알아주지 않는다. 자꾸 들이대라."

– 강연 중에서

도전하는 사람만이
꿈을 현실로 만들 수 있다

'호랑이 굴에 들어가지 않으면 호랑이를 잡을 수 없다'라는 말이 있다. 과정 없이 편안하게 성공할 수 없다는 뜻이다. 목표를 달성하기 위해서는 행동과 도전이 중요하다. 꿈을 이루는 방법은 다양하지만, 그중 가장 중요한 것은 도전이다. 김수영, 그녀가 수십 개의 꿈을 이룰 수 있었던 것은 실행력과 도전 정신 덕분이었다.

그녀는 골드만삭스 입사를 앞두고 받은 건강검진에서 암세포가 발견됐다. 다행히 수술은 성공적이었지만, 정신적 후유증이 너무나 컸다. 평생을 건강하게 살 것 같았던 자신이 갑자기 죽을 수도 있다는 생각이 들자 큰 충격에 빠졌다. 그 일을 계기로 그녀는 앞으로 살면서 하고 싶은 일들을 모두 적어 보았다. 그녀에게는 총 73가지의 꿈이 있었다. 그녀는 목록을 보며 앞으로는 하고 싶은 일들을 마음껏 하며 꿈을 이루어야겠다고 다짐했다.

그녀는 전 세계를 돌아다니면서 살아보고 싶다는 꿈을 이루기 위해 지구 반 바퀴를 돌았다. 그러면서 세계 각국의 다양한 사람들과 만나 그들의 꿈을 인터뷰하는 '꿈의 파노라마 프로젝트'를 시작했다. 이 프로젝트는 8개국의 약 30여 개의 매체에 소개되었고 현지 인터뷰는 물론 유명 토크쇼에 출연하는 발판이 되었다. 유명하지도 않은 일반인의 꿈이 세계에서 주목받은 이유는 무엇일까. 그 답은 그녀의 도전에 있다. 그녀는 자신의 프로젝트에 대한 홍보 자료를 만들어서 현지 언어로 번역해 보도 자료로 뿌렸다. 그렇게 이 사람 저 사람에게 보내니 열 명에 한 명 정도는 그녀의 프로젝트에 관심을 가지고 반응했다. 관심을 가진 이들이 자신들의 주변 사람들을 소개시켜 주기도 했다.

레바논에서는 한 언론 거장과 인연이 되어 도착과 동시에 5개의 인터뷰가 대기 중이었고 현지의 가장 유명한 토크쇼에 출연하기도 했다. 한 리더십 스쿨에서는 언론에 소개된 그녀를 보고 신입생을 선발하는데 면접관으로 와 줄 수 있겠느냐는 요청을 하기도 했다.

그뿐만이 아니다. 그녀는 인도 발리우드 영화에 출연해 보고 싶다는 꿈을 이루기 위해 무작정 인도로 떠났다. '인도에 가면 야시 초프라 감독의 영화에 출연하겠어'라는 부푼 기대가 그녀의 마음속에 가득했다. 그녀는 인도에 아는 사람 한 명 없었고 그렇다고 현지 언어를 하는 것도 아니었다. 나이도 많고, 빼어나게 예쁜 외모도 아니었다. 있는 것이라고는 출발 전에 했던 각오와 다짐뿐이었다. 꿈이 이루어질 확률은 적었지만, 그녀는 도전하기 위해 무작정 떠났다.

SNS나 이메일을 통해서 이 사람, 저 사람에게 출연 방법을 물었다. 톱스타가 답을 해 준 적도 있었지만, 사기꾼에게 속아 돈을 날리기도 했다. 그럼에도 그녀는 자신의 꿈을 포기하지 않았고 마침내 기적처럼 야시 초프라 감독의 영화에 출연할 기회를 얻었다.

그녀는 모두가 터무니없고 허황된 꿈이라고 생각했던 일을 기적처럼 이루었다. 하나의 모험이 여러 갈래의 기회로 뻗어 나갈 수 있었던 것은 그녀의 도전 정신에 있다. 그녀의 용감한 도전이 꿈을 이루는 확률을 높였고 실제로 그녀에게 기회를 가져다주었다. 모두가 불가능하다고 말하는 꿈도 이룰 수 있음을 몸소 보여 준 그녀는 다음과 같이 말한다.

"제 삶의 원칙은 일단 해 보는 거예요. 일단 제가 원하는 것이라면 기회가 있을 때 해 보는 거예요. 기회가 없으면 기회를 만들어서라도 해요. 물론 실패할 수도 있고 실수할 수도 있지만, 해 보고 후회하는 게 안 해보고 후회하는 것보다는 낫다고 생각 하거든요."

– 인터뷰 중에서

"살다 보면 순간적으로 창피해서 망설이다가 못 하는 일이 얼마나 많은가. 창피함은 순간이지만, 후회는 평생이다. 크게 손해 볼 일이 아니라면 수줍어하지 말고 용기 내서 질러 보는 편이 안 하고 후회하는 것보다 낫다는 것이 나의 지론이다. 괜히 용감한 자가 미인을 얻겠는가?"

도전하기 전에 그녀의 바람은 100퍼센트 허황된 꿈이었다. 그러나 그녀가 도전하면서 꿈은 1퍼센트씩 이루어졌고 노력 끝에 100퍼센트의 현실로 완성되었다. 행동이 따르지 않는 꿈은 허황되지만, 자신을 믿고 행동하는 순간 현실이 된다. 자신에게 정말로 원하는 꿈이 있다면, 머릿속에만 담아 두지 말고, 입술에서만 맴돌지 말고, 작은 것이라도 실천해 보길 바란다. 하루에 작은 것 하나라도 실천에 옮긴다면 우리의 꿈은 충분히 현실이 될 수 있다.

"너무 어렵다고, 부족하다고, 시간이 없다고, 늦어서 불가능하다고 핑계만 대고 살기에는 인생이 너무 짧다. 도전할 때 꿈은 현실에 한 발짝 가까이 다가서지만 도전하지 않으면 꿈은 저 멀리 달나라 이야기에 불과하다. 꿈을 간절히 바라고 이루기 위해 노력하면 꿈에서라도 그 꿈이 실현되는 기적이 만들어진다. 견우와 직녀의 끈질긴 애정이 까치들의 마음을 움직여 깊은 강물 위에 다리가 놓인 것처럼."

그녀의 '열정'이 멋진 이유

"우와! 정말 인생 역전이 가능하네요. 반전은 드라마에만 있는 줄 알았는데, 현실에서도 충분히 가능한 것이었네요. 저 역시 그동안 반항하면서 낭비한 시간이 너무나 후회되고 답답했어요. 제 인생은 뭔가 새로 해 보기에는 이미 틀렸고 잘못됐다고 생각했어요. 그런데 이야기를 듣고 나니 이제 저도 뭔가 해 볼 수 있겠다는 용기가 생겼어요. 지금 당장 무엇을 해야 할지는 모르겠지만, 오늘부터 매일 조금씩 나아진다면 제 인생에도 반전이 일어나지 않을까요?"

"물론이지. 지금은 그 3년이 버린 시간 같고 망쳐버린 시간 같겠지만, 그 시간도 결코 헛된 시간은 아니야. 그때의 방황이 있었기에 앞으로 미희는 자신에게 주어진 시간을 더 소중하고 값지게 쓸 수 있을 거야. 늦었다고 생각하지 말고 스스로 무엇을 해 보고 싶은지 생각해 보자. 매일 1퍼센트씩만 나아진다면 분명히 원하는 것을 찾을 수 있고 해낼 수 있을 거야."

미희가 깊은 숨을 내쉬었다. 그 숨은 근심 가득한 한숨이 아닌 후련함에서 나오는 깊은 안도의 숨이었다. 미희의 표정은 한결 후련하고 편안해 보였다. 미희는 그동안 부정해 왔던 자신의 가능성에 희망을 품고 꿈을 향해 나아갈 것을 나와 약속했다.

> "누구에게나 삶에 비극이 닥칠 수 있다. 하지만 그 비극을 희극으로 반전시키고 실패를 승리로 만드는 전환의 과정이 있을 때 우리의 인생은 진짜 명작이 된다고 생각한다."
>
> — 인터뷰 중에서

열여섯, 방황하던 그 시절의 그녀가 집으로 돌아가지 않고 자신을 포기했더라면 많은 사람들의 예상대로 범죄자가 되었거나 비극적인 삶을 살게 되었을 것이다.

열여덟, 대학은 불가능하고 헛된 꿈이라는 사람들의 말에 포기하고 취업의 길을 택했다면 그녀는 자신이 세계를 무대로 일할 수 있는 사람임을 알지 못했을 것이다.

스물다섯, 암세포가 발견되었을 때 슬픔과 절망에 빠져 꿈의 목록을 작성하지 않았다면 오늘 날 많은 사람들에게 꿈을 가지고 도전하면 이룰 수 있다는 용기와 희망의 메시지를 전할 수 없었을 것이다.
　절망적인 상황에서 자신의 한계를 인정하고 멈출 수도 있었지만, 포기하지 않고 노력한 끝에 멋지게 꿈을 이룬 그녀의 열정이 아름답다.

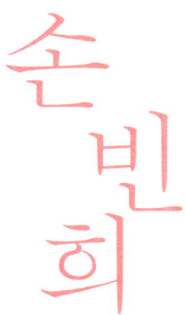

손빈희

초등학교 4학년, 부모님의 재혼으로 그녀에게는 동갑내기 동생이 생겼다. 재혼 가정이라는 주위의 시선에서 벗어나고 싶었던 그녀는 중국에서 초등학교 5, 6학년을 보냈다. 유학 당시, 중국 시장의 개방으로 한국의 사업가들이 현지에서 활발하게 활동했는데 계약에 대한 법률 지식이 부족하여 한순간에 망하거나 사기를 당하는 일들이 종종 있었다. 그러면서 그녀는 법률이 생활에 얼마나 큰 영향을 미치는지 깨닫게 되었고 어려움에 처한 사람들을 도울 수 있는 '국제 거래 전문 변호사'가 되겠다고 결심했다.

중국에서 초등학교를 마치고 한국에 돌아왔을 때는 여섯 식구가 단칸방에서 생활해야 하는 어려움도 있었지만, 꿈과 희망을 잃지 않았다. 그녀는 최연소로 대학에 합격한 뒤 어린 나이와 지방대 출신이라는 선입견을 극복하기 위해 고군분투했다. 그 결과 최연소 로스쿨 입학 및 변호사 시험에 합격하는 쾌거를 내며 주변 사람들을 깜짝 놀라게 했다.

주변에서는 그녀가 영재이거나 특별한 재주가 있는 사람일 것이라고 생각하지만, 지금의 그녀를 만든 것은 '끈기'와 '노력'이었다.

'저 사람은 나와 달라' '저 사람은 특별하잖아' '나는 해도 안 돼'라는 핑계를 대며 자신의 한계를 설정하고 도전을 포기한 적이 있다면 그녀의 이야기를 들려주고 싶다. 평범한 사람도 끈기 있게 노력하면 얼마든지 꿈을 이룬다는 것을 삶으로 증명한 손빈희, 그녀의 이야기를······.

스무 살
여자라면,
그녀들처럼

: 손빈희 변호사

미국 LLM(Master of Laws : 법학 석사) 과정

부산외국어대학교 법학과
동아대학교 법학전문대학원

《오기와 끈기로 최고를 꿈꿔라》
《손빈희의 공부가 쉬워지는 동화》

9장에서 인용 출처 표기가 없는 내용은 《오기와 끈기로 최고를 꿈꿔라》에서 부분 발췌한 것입니다.

세상에 '오기'와 '끈기'로
이루지 못할 일은 없다

손빈희의 '끈기'

"저는 고등학교 진학을 앞두고 학교에 진학하는 대신 검정고시를 준비하고 있어요. 좋은 대학, 좋은 회사에 취업하기 위해서는 학교 교육이 필요하다는 것은 저도 이미 알고 있어요. 그렇지만 대학도 제 꿈을 이룰 수 있는 방법 중 하나이고 그것을 결정하느냐는 제가 정할 수 있는 것이잖아요. 저는 검정고시를 공부하면서 책도 많이 읽고 운동도 열심히 하고 좋아하는 기타랑 드럼도 배우면서 제 계획에 맞춰 살고 싶어요. 다행히 부모님께서는 제 뜻을 이해하시고 존중해 주셨지만,

> 주변 사람들은 달랐어요. '왜 남들이 가는 쉬운 길로 가지 않고 어려운 길로 가서 고생하려 하느냐?' '학교는 가방만 메고 왔다 갔다 하기만 해도 졸업을 시켜주는데 혼자서 하면 독하게 제대로 할 수 있겠느냐?'라며 저를 말려요.
>
>   저는 그 사람들한테 제가 해내는 모습을 꼭 보여 주고 싶어요. 그래서 지금 제 자신한테 잘 해낼 수 있다고 말해 주고 싶은데, 어떤 말을 어떻게 해야 좋을지 잘 모르겠어요."
>
> (이수현, 17세)

상담소를 찾은 수현이의 고민이다. 수현이가 고등학교 대신 검정고시를 선택한 것은 학교생활에 잘 적응하지 못하거나 친구들과의 관계가 나빠서, 고등학교 진학을 위한 성적이 낮아서가 아니었다. 수현이는 대학 입시만을 강조하는 환경이 아닌 보다 많은 것을 체험하고 경험하면서 깨달음을 얻고 싶어 했다. 자신의 미래에 대한 계획을 스스로 세워서 실천해 가고 싶었다.

수현이는 자신에게 고민이 생겼을 때, 어떻게 격려해야 하는지가 고민이었다. 수현이가 앞으로 지나야 할 시간은 내가 이미 지나온 시간이었기에 해 주고 싶은 말이 많았다.

힘들 때는 다른 사람의 공감과 응원보다 자기 자신이 스스로를 이해하고 공감해 주는 것이 훨씬 더 중요하다. 그래서 나는 중·고등학교를 검정고시로 졸업하고 대학, 로스쿨을 거쳐 변호사의 꿈을 이룬 손빈희 이야기를 들려주기로 했다. 꿈과 목표를 이루는 데는 자신이 가야 할 길을 먼저 걸어간 사람의 발자국을 따라 가는 것도 큰 도움이 되기 때문이다.

마이너스에서 출발해도 플러스가 될 수 있다

초등학교 4학년, 부모님의 재혼으로 그녀에게는 동갑내기 동생이 생겼다. 재혼 가정이라는 말이 듣기 싫었던 그녀는 친구들에게 동생 정인을 사촌으로 소개했다. 그러던 어느 날, 학교에는 그녀와 정인이 사촌이 아닌 재혼으로 같이 살게 된 동생이라는 소문이 퍼졌다. 이를 인정하기 싫었던 그녀는 선생님께 검사 받는 일기장에 거짓말로 일기를 썼다.

'오늘 정인이한테서 황당한 이야기를 들었다. 정인이의 친구가 나와 정인이가 사촌이 아니라 실은 부모님의 재혼으로 같이 살게 된 것이라는 소문이 돈다고 말했단다. 나는 너무 화가 나서 눈물까지 났다. 왜 이런 말도 안 되는 소문이 퍼졌을까. 누가 그런 헛소문을 퍼뜨렸는지 정말 속상했다.'

그녀의 일기를 본 담임선생님께서는 어린 그녀가 얼마나 상처받

앉을지를 걱정하셨고 소문의 근원을 잡기 위해 나서셨다. 결국, 이 일은 선생님들뿐만 아니라 부모님께도 알려졌다. 결국 재혼 가정이라는 소문이 사실이라고 밝혀졌고 이 일은 전교에 빠르게 퍼졌다.

이 일로 그녀와 동생 정인은 아무 일도 없던 것처럼 학교에 다니기가 어려워졌다. 고민 끝에 부모님은 아무도 없는 곳에 가서 가족끼리 더 단단해지자는 결심으로 중국행을 선택하셨다. 당시 그녀는 중국 유학이 달갑지 않았지만, 재혼 가정이라는 꼬리표를 떼고 아무도 모르는 곳에서 마음 편히 살 수 있다는 생각에 부모님의 결정을 따랐다. 이후 그녀는 2년 정도 중국에서 생활했다.

그녀가 중국에 갔을 때만 해도 중국은 시장이 개방되어 한국뿐만 아니라 세계 곳곳에서 사업을 하러 온 사람들이 많았다. 사업은 수월했지만, 계약 관련 법률 지식이 부족하여 한순간에 망하는 사람도 있었다. 법을 잘 알지 못해 사기당하는 사람들을 가까이서 목격하기도 했다. 그 모습을 본 그녀는 법률이 우리 생활에 얼마나 큰 영향을 미치는지 새삼 느꼈다. 국내의 큰 기업들도 현지 사정을 잘 몰라 지나치게 외국 로펌에 의존하는 것을 보며 국제 거래 전문 변호사가 되겠다고 결심했다.

초등학교 졸업 후 한국에 돌아온 그녀는 1년 만에 검정고시로 중·고등학교 과정을 마쳤다. 중국에서 공부한 것을 바탕으로 한자와 중국어 자격증을 취득했고 수시로 대학에 입학했다. 어린 나이에 자신보다 나이 많은 언니 오빠들과 함께 공부하느라 어려움도 있었지만, 포기하지 않고 노력한 끝에 3년 만에 졸업했다. 이후 로스쿨에 진학해 변호사 시험을 거쳐 22세의 최연소 나이로 변호사 시험에 합격했다.

그녀는 검정고시에 지방대 출신으로 변호사를 준비하는 다른 로스쿨 동기들에 비해 학벌이 좋지도 않고 어린 나이였기에 사람들과 어울리는 사회성도 부족했다. 그럼에도 그녀는 자신의 부족함에 주눅 들어 포기하지 않았다. 남들보다 부족함을 불평과 타협이 아닌 노력으로 채웠다. 그런 노력이 있어 그녀는 자신의 부족함을 극복하고 원하는 꿈을 이루었다.

남들보다 뒤처지고 부족한 상태에서 시작했다고 해서 앞으로 다가올 미래까지 그럴 것이라는 생각은 버려야 한다. 미래는 현재 자신이 얼마나 많은 끈기와 노력으로 최선을 다하느냐에 따라 얼마든지 달라질 수 있으니 말이다.

> "시작부터 마이너스인 나 자신을 끌어올리려 안간힘을 쓰는 동안 나도 모르는 사이에 한 명의 법조인으로, 그리고 한 명의 인간으로 조금씩 발전해 가고 있었다. 노력이 끌어 낸 열정은 이루지 못하는 게 없다. 마이너스인 출발도, 부족한 실력도 아무런 문제가 되지 못한다."

끈기는 성공이라는
자물쇠를 푸는 열쇠다

그녀가 처음 유학을 갔을 때만해도 혼자 있는 시간이 많았다. 중국어라고는 인사말 외에 아는 것이 없었기에 학교 수업에도 제대로 참여하지 못했고 쉬는 시간에도 우두커니 혼자 있을 때가 많았다. 그런 그녀를 보고 현지 친구들은 바보라고 놀렸다. 그러자 점점 주눅이 들어 그녀는 자포자기한 상태로 6개월의 시간을 보냈다.

학교 행사가 있던 어느 날이었다. 그녀의 아버지가 담임선생님과 만날 기회가 있었는데 선생님께서는 '도대체 집에서 어떻게 가르치셨길래 학교에 와서 잠만 자느냐?'라며 화를 내셨다. 그 말씀에 그녀와 그녀의 아버지는 화도 났고 자존심도 상했다. 그날을 계기로 그녀는 중국어를 못한다고 무시한 친구들과 선생님에게 한국인의 본때를 보여 주기로 결심했다.

그녀는 매일 50개의 지정된 단어를 외웠고 아버지와 함께 하루도 빠짐없이 공부했다. 학교에서는 자신을 놀리던 친구들에게 찾아가 모르는 단어를 물어보고 자신이 하는 말이 맞는지 틀렸는지를 묻고 확인했다. 모르는 한자가 나오면 표시해 두었다가 친구들이나 어른들을 붙잡고 병음을 표시해 달라고 부탁해서 공부했다. 중국어가 조금씩 익숙해지자 수업을 따라갈 수 있게 되었고, 숙제도 하나씩 해 가기 시작했다.

어느덧 중국어로 숙제도 해 가고 시험도 치를 수 있게 발전한 그녀의 모습을 보고 담임선생님께서는 반 친구들이 모두 모인 자리에서 칭찬으로 격려해 주셨다. 그녀도 차차 자신감을 회복해 나갔다. 결국, 그녀의 끈기와 노력은 '반 1등'이라는 결과로 이어졌고 친구들과 사이도 좋아져 6학년 때는 반장까지 했다.

그녀가 중국 유학을 떠날 당시만 해도 할 수 있는 말은 인사뿐이었다. 중국어를 해 본적이 없는 그녀였기에 자신이 중국어에 재능이 있는지 기본기가 있는지 알 수 없었다. 재능도, 능력도, 소질도 없던 상태의 그녀가 180도로 달라질 수 있었던 것은 오기로 시작된 끈기였다.

그녀는 포기하지 않고 자신이 할 수 있는 일을 찾아 하나씩 시도했고 끊임없이 노력한 끝에 원하는 바를 이루었다. 중국어로 수업도 듣고 시험도 치르고 친구들과 선생님께 인정받으며 중국 생활에 재미를 찾을 수 있었던 것은 그녀의 끈질긴 노력 덕분이었다.

도전하는 사람에게는 성공이라는 자물쇠와 수많은 열쇠 꾸러미가 주어진다. 성공이라는 자물쇠를 열기 위해서는 맞는 열쇠가 어떤 것인지 일일이 넣어서 확인해야 한다. 그래야만 맞는 열쇠를 찾을 수 있다.

문을 열기 위해서는 중간에 포기하지 않고 계속해서 도전하는 끈기와 노력이 필요하다. 힘들다고 중간에 주저앉아 열쇠 찾기를 포기하면 그 문은 영영 열리지 않는다.

무언가에 도전할 때, 재능과 능력 등 여러 가지가 필요하지만, 끈기가 없다면 가진 재능과 능력을 다 발휘해 보기도 전에 포기하게 된다. 어떤 순간이든, 도전이든 노력에 끈기가 뒷받침될 때 자물쇠는 열리고 그 열쇠의 주인은 여러분이 될 것이다.

최선이란 자신의 한계를 넘어서는 것이다

로스쿨 입학을 준비할 당시만 해도 시행 초기라 정보가 많이 부족했다. 대학 졸업을 앞두고 사법고시를 통해 변호사에 도전할 계획이었지만, 사법고시가 폐지되고 로스쿨 제도가 도입된다는 말에 그녀의 계획은 로스쿨 입학으로 변경되었다.

그녀는 관련 정보를 얻기 위해 로스쿨을 준비하는 사람들의 커뮤니티에 가입했다. 그곳에는 전국에서 모인 로스쿨을 준비하는 사람들로 가득했고 함께 모여 스터디를 하고 있었다. 그녀도 스터디에 참여하기 위해 몇 군데 지원했지만, 그녀를 받아 주는 곳은 없었다. 대학 졸업 후 6개월 동안 토익 점수도 만들고 중국어 자격증도 있어 다른 사람들에 비해 부족하지 않다고 생각했으나 주변을 보니 그것이 아니었다.

로스쿨을 준비하는 사람들은 이름만 대면 알만한 대학을 졸업한 것은 기본이고 화려한 경력과 이력을 지니고 있었다. 그녀는 최연소 타이틀을 제외하고는 별다른 경력이 없었기에 지원한 곳에서 모두 거절당했다. 그녀는 학벌의 벽에 부딪혀 좌절할 수도 있었지만, 거기서 멈추지 않았다. 받아 줄 때까지 지원한 끝에 결국 모임에 들어갔다.

그녀는 우여곡절 끝에 스터디에는 참여할 수 있게 되었지만, 로스쿨 시험에 합격해 입학한다고 해도 학벌의 한계는 계속 따라다닐 것이라고 생각했다. 함께 로스쿨을 준비하는 사람들은 그녀에 비해 모두들 부족함이 없었고, 이들을 넘어서기 위해 자신이 할 수 있는 일은 노력밖에 없다고 생각했다. 그러자 오기가 생겼고 자신을 거절했던 사람들에게 자신이 해냈음을 증명하겠다고 결심했다.

공부에 대한 스트레스와 로스쿨을 준비하는 사람들의 화려한 스펙 때문에 부담이 되어 심한 탈모 증세를 보이기도 했지만, 그녀는 포기하지 않았다. 꿈을 이루기 위해서는 자신이 처한 한계를 넘어서야 했고 한계를 넘기 위해서는 참고 노력하는 것 외에는 별다른 방법이 없었다.

치열한 노력 끝에 입학한 로스쿨에도 그녀가 넘어야 할 벽은 있었다. 로스쿨에서는 자연스럽게 출신 대학별로 모임이 형성됐다. 매년 2,000명의 입학생 중에 반 이상이 소위 'SKY'라 불리는 상위권 대학의 출신이었고 그 외에는 서울 소재 대학의 출신들이 많았다. 그녀는 그들과 학교가 다르다고 주눅 들고 좌절하기 보다는 눈앞에 놓인 한계를 넘어서기 위해 더욱 최선을 다했다. 외출 시간은 최대로 줄이고 매일 학교 도서관으로 출근했다. 변호사 시험에 도전장을 내민 뒤로는 극심한 스트레스에 심한 변비는 물론 불면증에 시달리기도 했다. 그럼에도 그녀의 끈기 있는 노력 덕에 그 해 있던 변호사 시험 모의고사에서 학교 석차 6등이라는 좋은 성적을 거두었다.

최선을 다하는 것은 산의 정상을 오르는 것과 같다. 산을 오를 때 숨이 차고 체력의 한계가 느껴진다고 산행을 포기하거나 중턱의 경치에 만족해 하며 정상은 올라갈 생각도 하지 않는다면 정상의 모습은 영영 볼 수 없다.

최선을 다하지 않고 적당한 지점에서 노력을 멈춘다면, 자신의 한계에 부딪혀서 그만하겠다고 노력을 멈춘다면 지금의 상태가 나의 한계이고 정점이 된다. 한계는 다른 사람이 설정한 것이 아닌 나의 생각과 결정에 의해 만들어진다.

'이 정도면 됐어'라는 생각이 들 때 조금만 더 분발하면 생각지도 못했던 멋진 일들이 일어날 것이다. 자신이 어디까지 할 수 있는지는 끝까지 노력해 본 사람만이 알 수 있다.

"우리가 최선을 다할 때 어떤 기적이 우리 인생 또는 다른 사람의 인생에 일어날지는 알 수 없다."

헬렌 켈러

길이 없다고, 방법이 없다고
포기해서는 안 된다

우리는 성공한 사람들과 업적을 이룬 사람들은 노력을 많이 했거나 운이 좋았던 사람이라고 생각한다.

'저 사람은 집안 배경이 좋아서 성공하는 데 수월했을 거야.'
'저 사람은 배경이 좋으니까 주변에서 도움 좀 받았을 거야.'
'나는 형편도 좋지 않고 경제적인 능력도 안 되고, 인맥도 없어서 그렇게 못 해.'

그러면서 위의 생각들을 핑계 삼아 자신을 위안하고 목표에 선을 그어 일찌감치 포기해 버린다. 성공한 사람들에게도 시련과 좌절의 순간들이 있다. 눈에 보이는 결과 뒤에는 남모르는 고생과 어려움이 있기 마련이다. 그녀 역시 최연소 변호사 시험 합격의 타이틀을 가졌지만, 그 성과가 좋은 여건과 행운 속에서 이뤄진 것만은 아니었다. 그녀의 집은 넉넉하지도 않았고 특별한 인맥이 있는 것도 아니었다.

중국 유학 당시, 그녀의 부모님은 자녀들의 교육에 집중하기 위해 중국행을 결정했다. 그런데 뜻밖의 일로 그동안 모은 전 재산을 잃자 부모님은 생활비와 학비, 자녀들이 한국에 돌아왔을 때의 기반을 마련하기 위해 먼저 한국으로 먼저 돌아오셨다. 그런 이유로 중국에서는 초등학생인 세 자매만 남아서 생활해야 했다. 초등학교를 졸업하고 한국에 들어와 그녀가 대학에 입학하기 전까지 여섯 식구는 월세방에서 생활했다. 그곳에서 4남매는 모두 검정고시를 치르고 대학 입시를 준비했다.

그녀가 대학에 지원할 당시에는 4남매가 연속으로 함께 검정고시와 대입을 준비했다. 그녀가 로스쿨에 진학할 때도 4남매 모두 각각 대학교와 대학원에 재학 중이었다. 빠듯한 형편 탓에 장학금 제도가 없었다면 그녀는 꿈을 이루지 못했을 것이다. 그녀는 장학금을 받기 위해, 자신의 꿈에 다가가기 위해 치열하게 공부했다.

그녀는 대학을 4년 영재 장학금으로 졸업했고, 로스쿨 입학 시에는 성적 장학금을 받고 들어가 첫 학기를 무사히 마쳤다. 그녀에게 장학금은 선택이 아닌 필수였고 장학금을 계속 받기 위해서라도 최선을 다해 공부해야만 했다. 그렇게 절실하고 간절한 마음으로 공부에 최선을 다한 결과 그녀는 로스쿨 2학년 때부터는 성적 장학금을 한 번도 놓치지 않았다.

우리는 종종 자신에게 주어진 악조건과 나쁜 상황에 미리 타협하고 희망조차 포기하는 경우가 있다. 만약 그녀가 자신이 처한 형편에서 대학과 로스쿨을 불가능한 꿈이라고 포기했다면 변호사가 될 수 있었을까. 그녀는 자신의 처지를 비관하는 대신 희망을 잃지 않고 현실에 놓인 학업에만 전력을 다해 집중했다. 꿈을 향해 최선을 다한 결과 장학금을 받으며 꿈을 실현할 수 있는 길이 생겼고 비로소 꿈을 향해 나아갈 수 있었다.

꿈을 이루는 데 경제적인 능력과 필요한 요소들이 많은 것은 사실이지만, 경제적인 능력이 부족하다는 이유로, 자신의 처지가 열악하다는 이유로 미리 희망을 저버리고 꿈을 포기해서는 안 된다. 꿈과 목표에 대한 의지만 있다면 얼마든지 새로운 방법으로 길을 만들어 갈 수 있다. 뜻이 있다면 길은 어느 곳에나 있기 마련이다.

안주하지 않는 사람에게 한계는 없다

바다의 포식자로 알려진 범고래의 쇼를 본적이 있다. 3톤이 넘는 거대한 몸집의 고래는 날개도 없이 공중을 날아올라 점프도 하고 공중의 훌라후프를 통과하여 물속으로 입수하기도 했다. 조련사는 말도 통하지 않는 거대한 몸집의 고래를 어떻게 움직였을까? 그 힘은 끊임없이 반복된 훈련과 칭찬에 있다.

'칭찬은 고래도 춤추게 한다'라는 말이 있다. 칭찬은 우리에게 용기와 격려가 되며 무언가를 시도할 때 희망을 꿈꾸게 하는 힘을 준다. 그러나 그 힘을 맛본 것에 만족한다면 더 이상의 발전은 없다.

'14살에 대입 검정고시에 최연소로 합격.'

'15살에 대학교 4년 전액 장학생 입학.'

'대학교 조기 졸업.'

'19살에 로스쿨 최연소 합격.'

그녀를 따라다니는 수많은 타이틀은 더 열심히 노력하게 하는 동기부여이자 칭찬이었지만, '그래 이 정도만으로도 충분해'라고 자신과 타협하게 하는 유혹의 손길이 되기도 했다. 그녀 역시 로스쿨의 1학년에 재학 중일 때는 큰 욕심도 없었고, 중간 정도의 무난한 성적에도 불만이 없었다.

'나이도 어린 내가 언니, 오빠들 사이에서 이 정도만 해도 잘 하는 거야'라며 스스로를 위안했고 주어진 결과에 만족했다. 그렇게 편안하게 로스쿨에서의 삶을 보내던 어느 날이었다. 그녀에게 변화의 계기가 찾아왔다.

로스쿨의 수업 시간은 교수님과 학생들이 주고받는 질의응답으로 활발하게 진행되었는데 그녀에게는 좀처럼 발표의 기회가 돌아오지 않았다. 대신 좋은 대학교를 졸업한 언니, 오빠들에게만 발표의 기회가 있는 것 같았다.

그녀는 발표자의 대답이 자신과 다르거나 의견을 보태고 싶을 때마다 속으로 애가 탔다. 그런 날들이 이어지자 어느 순간부터는 오기가 생겼다.

'난 지금까지 로스쿨에 와서 단 한 번도 열심히 공부한 적이 없어. 최선을 다해 본 적도 없어. 이참에 한번 열심히 해 보자. 교수님들, 언니, 오빠들에게 당당하게 인정받고 졸업하고야 말겠어.'

같은 강의실에서 함께 수업을 받고 있지만, 자신에게는 기회가 주어지지 않자 그녀는 노력을 시작했다. 인정받고 소속감을 느끼고 싶었기 때문이다. 오기와 노력이 더해진 결과, 놀랍게도 그녀는 기말고사에서 종합 1등의 결과를 얻었다.

그럼에도 그녀를 향한 주변의 시선은 바뀌지 않았다. 칭찬과 인정은 없었다. 그녀의 노력을 순수하게 바라보는 사람은 없었다. 동기들 역시 편견을 가지고 바라보았다. 나이가 어리니 교수님들이 후하게 점수를 주셨다고 오해했다. 그러자 그녀의 처지를 이해하신 교수님께서 다음과 같은 말씀하셨다.

"빈희야. 변호사가 되려고 로스쿨에 입학한 이상, 최연소는 더 이상 아무런 의미가 없단다. 최연소라는 타이틀은 너에게 오히려 방해가 될 수도 있어. 이제부터는 나이를 떠나 정말 변호사처럼 생각하고 변호사처럼 행동해야 해."

교수님의 말씀을 듣고 그녀는 깨달았다.

'맞아. 나는 최연소로 입학한 것을 빼면 남들보다 특별하거나 뛰

어난 것이 없어. 최연소로 로스쿨에 입학한 것은 내 인생에 가산점이 아니라 감점 요인이 될 수도 있어.'

교수님의 말씀에 현실을 되돌아 보니 그녀에게 남은 것은 오기와 끈기뿐이었다. 그 후로 그녀는 나이에 대한 생각을 버리고 언니, 오빠들과 동등한 입장에서 생각하고 고민하고 공부하기 위해 노력했다. 오기로 노력하고 끈기로 버티며 좀 더 객관적인 방법으로 다른 사람들이 자신의 노력과 실력을 부정할 수 없게 하고 싶었다.

이후 그녀는 변호사 시험 모의고사를 목표로 잡고 노력했다. 그 시험은 전국의 로스쿨에 재학 중인 학생들이 보는 시험으로 채점에 주관적인 판단이 개입될 수 없었다. 피나는 노력의 결과, 그녀는 첫 번째 전국 모의고사에서는 교내 6등, 두 번째 전국 모의고사에서는 교내 1등이라는 자랑스러운 성과를 냈다.

손빈희, 그녀가 로스쿨을 다니기 이전에 이룬 성과는 충분히 대단한 성과이다. 만약 그녀가 그것에 자만하고 만족했다면 더 이상의 발전은 없었을 것이다.

그녀는 만족이 자신의 한계를 규정하고 노력을 방해하는 장애물임을 깨닫고 이전에 한 노력보다 몇 배는 강도 높은 최선을 다해 자신의 새로운 가능성을 발견했다.

우리의 가능성은 우리가 생각하는 것보다 훨씬 더 대단하다. 달콤한 칭찬과 만족에 유혹되어 현재에 안주한다면 더 이상의 발전은 없다. 안주하지 않는 한 여러분의 가능성과 능력은 무한대라는 것을 기억하길 바란다.

> "'안주'라는 것은 정말 위험한 유혹이다. 그래서 나는 사람들이 조기 입학을 하였다고, 변호사 시험에 합격하였다고 '대단하세요'라는 식의 칭찬을 하면 오히려 나 자신을 더 부추긴다. 내가 지금의 나 자신에게 만족해 버리면 아무도 내 능력의 한계를 모를 것이라고."

그녀의 '끈기'가 멋진 이유

"자신을 극복하기 위해 끝까지 최선을 다해 노력하는 모습이 정말 대단해요. 중국어에서부터 검정고시, 로스쿨, 변호사 시험까지 많지 않은 나이에 이룬 성과라고는 믿어지지가 않아요. 그럼에도 현재의 자리에 만족하지 않고 끊임없이 노력하는 모습이 정말 멋져요. 그 모습을 저도 꼭 배워야겠어요. 저희 부모님께서는 최선을 다해 노력하는 것도 필요하지만, 우직하고 진득한 끈기도 아주 중요하다고 말씀하셨거든요. 그때는 그 말씀이 무슨 뜻인지 몰랐는데 이제는 좀 알 것 같아요."

"그래, 수현아, 너는 앞으로 네가 원하는 것은 무엇이든 다 이룰 수 있을 거야. 물론 그것이 단번에 이루어지지 않을 수도 있어. 그럴 때는 오늘을 떠올리며 끈기에 대해 생각해 봤으면 좋겠어. 끈기를 가지고 노력한다면 너는 충분히 해낼 수 있을 거야."

힘차게 고개를 끄덕이는 수현이의 얼굴에서 진정으로 무언가를 깨달은 자만이 뿜어내는 한 줄기 빛이 느껴졌다.

최선을 다해 노력하는 것은 목표를 이루는 데 아주 중요하다. 만약 노력한 만큼 결과가 주어지지 않았을 때 좌절하고 포기해 버리면 절대로 원하는 결과에 도달할 수 없다. 원하는 것이 간절할수록, 절실할수록 쉽게 얻어지지 않는다. 세상이 단번에 허락하지 않는다.

힘들고 포기하고 싶은 순간을 꾹 참고 한 발 더 내딛을 때 비로소 더 많은 기회가 주어진다. 어떤 시련에도 굴하지 않고 우직하게 자신의 꿈을 이룬 그녀의 끈기에 힘찬 박수를 보낸다.

"우리 집의 대표적인 교육 비결로 '성실'을 들 수 있다. 그리고 나는 남다른 '자존심'을 타고 났다. 이 둘이 빚어 내 함께한 노력은 한 번도 나를 배신한 적이 없다. 성실은 열정을 부르고 자존심은 용기를 내게 줬다.

마이너스에서 시작하여 두 배 열심히 노력하면 동등한 0에서 시작할 수 있을 것이라고, 네 배 더 노력한다면 언젠가는 플러스가 되는 날이 오리라는 희망의 다짐이 지금의 나를 만들 수 있었다."

유수연

스물세 살, 그녀는 요일처럼 간단한 영어 단어조차 헷갈려 할 정도로 실력이 형편없었다. 남들은 한두 개쯤 가지고 있는 컴퓨터 자격증도 하나 없었다. 집안, 외모, 학력에도 특별함은 없었다. 그렇게 평범한 20대를 보내던 어느 날이었다. 그녀는 이대로 존재감 없이 살기는 죽기보다 싫어 아무런 계획도, 대책도 없이 무작정 비행기를 타고 호주로 유학을 떠났다. 이후 그곳에서 자신의 인생을 바꾸기 위해 죽기 아니면 까무러치기로 노력했다.

어학연수로 시작해 영국의 대학에서 경영학 석사과정을 밟고 미국의 하얏트 호텔에서 근무했다. 외국계 기업과 대기업에 입사 제의를 받았지만, 그녀는 거절했다. 자신의 브랜드를 갖고 싶었기 때문이다. 한국에 돌아와서는 강사라는 한 길만 보며 노력했다. 그 결과 지금은 '유수연'이라는 브랜드를 가진 억대 연봉의 스타 영어 강사가 되었다.

지금의 현실이 너무나도 싫어서 벗어나고 싶었던 적이 있다면, 벗어나고 싶은데 무엇을, 어떻게 해야 할지 몰라 고민한 적이 있다면 그녀의 이야기를 들려주고 싶다. 실력도, 재능도, 능력도, 인맥도, 학벌도 아무것도 없었지만, 자신의 삶을 바꿔 보고야 말겠다는 독기로 인생을 멋지게 살아가는 그녀의 이야기를…….

스무 살
여자라면,
그녀들처럼

:유수연 학원인

유스타잉글리쉬 어학원 대표

아스톤대학교 대학원 경영학 석사
에스티앤컴퍼니 영단기 대표강사
유수연영어연구소 소장

《유수연의 독설》
《20대 나만의 무대를 세워라》
《23살의 선택, 보이지 않는 곳에서 길을 찾다》
《23살의 선택, 맨땅에 헤딩하기》

10장에서 인용 출처 표기가 없는 내용은 《유수연의 독설》에서 부분 발췌한 것입니다.

아무것도 없던
삼류 인생을 바꾼 것은
'독기'였다

유수연의 '독기'

"저 오늘 칭찬 받아서 기분이 정말 좋아요. 제가 좋아하는 수학 선생님 시간이었는데 반 친구들 앞에서 저를 칭찬해 주셨거든요. '일 년 동안 이 반에서 가장 많이 발전한 사람은 바로 은수다. 더 열심히 해라'고 말씀하시는데 기뻐서 하늘을 날아갈 것 같았어요. 친구들의 축하도 받고 선생님의 사랑도 받고 너무나 행복한 날이었어요.

사실, 학기 초에는 칠판에 나가서 문제를 푸는데 손도 못 대고 혼나서 속상하고 기분이 좋지 않았거든요. 그때를 생각하니 오늘의 이런 칭찬이 정말 놀라웠어요.

사실, 그때 일로 자존심도 상하고 괜한 오기가 생겨서 독기 품고 정말 열심히 공부했거든요. 하루도 빼놓지 않고 수학 문제집을 끼고 살았어요. 쉬는 시간은 물론 시간만 나면 수학 문제를 풀었어요. 예습한다고 풀고 복습한다고 풀고. 한 페이지를 다섯 번도 넘게 봤을 거예요. 정말 독기 품고 하면 못하는 것이 없는 것 같아요." (이은수, 19세)

올해 고3이 된 은수의 이야기이다. 학기 초 선생님의 호명으로 칠판에 적힌 문제 앞에 섰지만, 분필만 손에 쥐었을 뿐 어떤 것도 적어 내려갈 수 없었다. 호명된 학생들 중에 혼자만 문제를 풀지 못했던 은수는 선생님께 꾸지람을 들었다. 은수는 그 자리에서 자신도 모르게 눈물이 흘렀다고 했다. 그날 이후로 자신을 무섭게 혼냈던 선생님이 오히려 더 좋아졌다며 은수는 수학책과 문제집을 손에 달고 살았다.

문제집 하나를 잡고 모든 페이지에 작은 동그라미를 다섯 개씩 그리고, 한 번 풀 때마다 안을 검게 색칠했다. 동그라미가 다 쳐지면 그 위에 대각선을 긋고 엑스자로 그어가며 독하게 공부했다. 결국, 은수의 수학 성적은 눈에 띄게 올랐다. 달라진 것은 성적만이 아니었다. 수학에 자신감이 생기니 수업 시간에 질문도 많아졌다. 자진

해서 발표도 하며 점점 더 발전하는 모습을 보였다.

은수는 이런 경험을 통해 독기가 자신의 한계를 뛰어넘게 한 최고의 무기라며 무척 뿌듯해 했다. 독기는 사람을 발전시키는 강력한 힘이 있다. 나는 은수가 앞으로도 좌절의 순간과 포기하고 싶은 순간을 만났을 때, 독기의 힘을 떠올리길 바라며 유수연의 이야기를 들려주기로 했다.

누구에게나
인생의 패자부활전은 있다

스물 세 살의 어느 날이었다. 유수연 그녀는 여느 때처럼 세상과 자신을 단절시키고 집에서 책을 읽고 있었다. 날씬하지 않은 몸에 학업 성적도 뒤에서 두 번째였던 그녀, 특기나 취미도 없이 무료한 일상에 너무나 익숙해진 그녀였다. 그렇게 대학교 4학년 1학기가 흘렀다. 당시 취업으로 이어지는 문은 무척 좁았다. 소위 말하는 명문대도 아니고 영어도 못하고 자격증도 하나 없는 그녀에게 사회는 취직 자리를 쉽게 허락하지 않았다. 대입 시험에서 한 번 떨어진 그녀였기에 동기들보다 나이도 1살 더 많았다.

대학교에 들어가 취업을 걱정하기 시작하면서 흔히 드는 생각이 있다.

'나의 꿈은 무엇일까?'

'나는 무엇을 하고 살아야 할까?'

그녀에게도 그런 고민이 시작되었다. 대기업이나 은행, 외국계 회사 같은 곳은 감히 꿈도 꿀 수 없는 곳이었다. 그녀가 갈 수 있는 곳은 직원 수가 많지 않은 소규모의 회사 정도였다. 그곳에서 잔심부름하다가 평범한 남자를 만나 결혼하는 것이 그녀가 예상한 자신의 미래였다. 그런 미래를 떠올리니 더욱 자신이 초라하게 느껴졌다. 지금의 현실도 초라했지만, 이대로 가다가는 자신의 예상과 별다를 것 같지 않아 괴로웠다. 평범하고 초라하기 짝이 없는 현실도, 불투명한 미래도 싫었다. 그녀는 자신의 처지를 인정하고 받아들이기 힘들어 무척이나 괴로웠다.

'지금 이 모습 그대로 80세까지 살아야 한다면 어쩌지?'

이런 생각이 들자 정신이 번쩍 나는 것 같았다. 평범하고 초라하게 아무런 존재감 없이 있는 듯 없는 듯 사는 것은 죽기보다 싫었다. 태어난 이상 그렇게 살다가 죽기는 싫었다. 무엇을 해도 지금보다 더 초라할 수는 없을 것이라 생각한 그녀는 고민 끝에 한 가지 결론을 내렸다.

'그래, 발악이라도 해 보자. 꿈틀거려 보기라도 해 보자.'

어떤 계획이나 믿는 구석은 없었지만, 그녀는 지금 자신이 처한 현실을 인정하고 받아들일 수 없었기에 지푸라기라도 잡는 심정으로 미래에 매달렸다. 구체적이지는 않았지만, 반드시 무언가를 들고 1년 후에 돌아오리라는 독을 품고 스물세 살의 여름에 돌연 호주로 떠났다.

　그곳에서 그녀는 죽기 아니면 까무러치기로 살았다. 모든 일에 최선을 다했다. 너무나 절박했기에 그녀의 노력은 무서웠다. 무서운 속도로 공부하여 3개월 만에 대학에 입학할 수 있는 점수를 만들고, 전문대학으로 편입해 통역관으로 일하며 바쁘게 지냈다.

　이후 좀 더 공부하고 싶어 무작정 영국으로 떠났다. 상위권의 비즈니스 스쿨에 지원하고 쫓아다니며 인터뷰한 끝에 영국에서 석사과정을 공부하게 되었다. 석사과정을 마치고는 미국으로 건너가 하얏트 호텔에서 호텔리어로 생활했다. 한국에 돌아와서는 강사의 길에 죽어라 매달렸고 현재 그녀는 '유수연'이라는 브랜드를 가진 억대 연봉의 스타 강사가 되었다.

　　　"그렇게 살긴 싫었다. 아무런 존재감 없이 세상에 묻혀 살기는 죽기보다 싫었다. 어떻게 하면 이 불확실한 혼돈에서 벗어날 수 있을지 고민하고 또 고민했다. 참으로 힘든 나 자신과의 싸움의 연속이었다. 내 자신의 특별함을 믿고 싶었지만 현실적으로 내 존재감은 지나가는 행인 1, 2에 지나지 않았다. 이렇게 앞으로 60년을 더 살 순 없었다. 시간이 얼마나 걸릴지 모르겠지만 내가 가진 패를 바꾸어야 했다. 안 그러면 영원히 이런 모습으로 살아야 할지도 모른다. 이 상황에서 크게 나아지지 않을지도 모른다. 하지만 그렇다고 이 모습으로 박제가 되어 앞으로 60년을 더 살 수 없다는 것만은 분명했다. 발악이라도 해 봐야겠다는 생각이 들었다."

《20대, 나만의 무대를 세워라》 중에서

독기는 나를 업그레이드 시키는 최고의 힘이다

그녀의 20대는 콤플렉스로 가득했다. 몸무게는 평균치를 넘어섰고 성적은 하위권을 맴돌았다. 영어 능력은 간단한 단어도 헷갈려하는 수준이었고 남들은 한두 개씩 있는 그 흔한 컴퓨터 자격증도 하나 없었다. 취미도 없고 특기도 없는 무색무취의 삶을 살았다.

그녀는 비록 자신의 현실이 평범하고 남들보다 부족했지만, 세상에 자신을 표출하고 싶었다. 화려하게 살고 싶었다. 이런 그녀의 바람과 기대는 항상 상상에 그칠 뿐이었다. 그녀는 자신의 이상과는 전혀 다른 삶을 살고 있었다. 그녀는 세상이 자기를 인정해 주지 않는다고 해서 숨죽여 살거나 비위를 맞추고 싶지 않았다. 무슨 수를 써서라도 세상에 자신의 가치를 드러내고 인정받고 싶었다. 이런 생각이 들자 세상을 향한 오기가 생겼고 독기를 품게 되었다. 이후 독기는 삶의 원동력이 되어 그녀의 가치를 높이는 힘의 원천이 되었다.

> "태어나면서부터 잘난 사람은 없다. 우리 모두는 똑같은 조건으로 시작한다. 승부는, '나'라는 물건을 얼마나 고가의 상품으로 만들어 내느냐에 달려 있다."
>
> 《23살의 선택, 멘땅에 헤딩하기》 중에서

> "그렇게까지 독하게 살아야 해요? 그럼 흐지부지하게 사는 인생은 마음에 드세요? 독기란 인생의 단 몇 년뿐이다. 젊음의 정점에서 한 번의 도약을 위해 요구되는, 나의 존재감을 업그레이드 시키기 위한 단 한 번의 시간 말이다. 그러한 노력의 시간이, 노력의 기억이 수능을 제외하고 단 한 번은 있어야 하지 않겠나?"
>
> - 강연 중에서

원하는 미래를 얻기 위해서는
노력과 포기의 대가가 필요하다

목적지까지 이동하는 데 이용할 수 있는 교통수단은 참 많다. 비행기, 기차, 버스, 택시 등 요금을 지불하면 편안하게 앉아 주변의 경치도 구경하고 즐기면서 목적지까지 도착할 수 있다. 다양한 교통수단이 발명되었지만, 편하게 즐기면서 갈 수 없는 목적지가 있는데 바로 우리의 꿈이 그렇다.

꿈으로 가는 길에는 비행기도 기차도 버스도 택시도 이용할 수 없다. 노를 저어야 움직이는 배를 타고 가기도 하고 두 다리로 힘껏 밟아야 움직이는 배를 타고 가기도 한다. 노를 젓느라, 페달을 밟느라 팔과 다리가 터질듯이 아프지만, 꿈으로 가는 길에 쉽고, 편하게 즐기면서 가는 방법은 없다. 포기하지 않고 흘리는 땀과 노력이 있어야 도착할 수 있는 곳이 바로 우리의 꿈이다. 이루고자 하는 꿈과 미래를 얻기 위해서는 반드시 대가가 필요하다.

유수연, 그녀 역시 지금의 자신을 만들기까지 수많은 노력과 대가를 치루었다. 영국에서의 유학 시절, 자신의 실력에 비해 높은 대학에 입학한 그녀는 졸업을 못 할 것이라 생각했다. 한국을 떠나며 석사과정을 공부하기 위해 영국에 간다고 멋지게 말했는데 그냥 이대로 돌아가는 것은 그녀의 자존심이 허락하지 않았다. 그때 그녀는 딱 두 가지를 생각했다.

'그래, 어차피 졸업도 못 하고 돌아가는 거라면 대의명분이라도 만들자. 공부를 하느라 잠을 못자면 쓰러진다는데……, 또 공부를 너무 많이 하다 보면 스트레스 때문에 미친다던데……, 그래, 과로로 쓰러지던지 미쳐서 구급차에 실려 가던지 그럴듯한 명분이 생길 때까지 한번 해 보자.'

그날 이후로 그녀는 쓰러지기 위해, 미치기 위해 노력했다. 보통 10시간 앉아서 공부하면 되는 것을 15시간 동안 앉아서 공부했다. 8시간 이상 앉아서 공부하다 보면 무릎 아래로 마비 증상이 왔다. 잠도 거의 안 잤다. 자도 되지만, 일부러 안 잤다. 하루라도 더 빨리 이 생활을 끝내고 싶었기 때문이다.

명분이 있어야 실패하고 돌아갔을 때 어느 누구도 자신을 비난할 수 없을 것이라고 생각했다. '이렇게 하다 보면 언젠가는 쓰러지겠지, 쓰러지면 한국에 가야지'라는 생각으로 버텼다. 그녀는 쓰러지기 위해 공부했다. 그렇게 노력의 한계를 다 한 끝에 그녀는 코피 한 방울도 흘리지 않고 무사히 학교를 졸업했다.

그녀가 머물던 기숙사의 옆에는 호숫가가 있었다. 책상 앞 창문 너머로 보이는 호수가 아름다웠지만, 그녀는 아름다움을 즐길 여유마저 없었다. 아침이면 여대생들이 예쁜 운동복을 입고 호수 주위를 달렸다. 그 풍경을 보며 그녀는 자신도 그들 사이에서 같이 뛰고 싶었다. 그럴 수 없음을 누구보다 잘 알던 그녀였기에 그들처럼 예쁜 운동복을 입고 와 전력을 다해 공부했다. 점심때가 되면 여학생들이 짧은 미니스커트를 입고 샌드위치를 들고 와서 점심을 먹었는데 그 모습을 보고 그녀도 미니스커트를 입고 와서 공부했다. 밤이 되면 반짝이는 의상에 하이힐을 신고 클럽에 가는 모습을 보고 그녀도 자신을 예쁘게 꾸미고 와 책상 앞에 앉아 공부했다.

젊음은 한 번 지나가면 다시는 돌아오지 않기에 그녀도 놀고 싶었고 누구보다 즐기고 싶었다. 그렇지만 그녀는 현재의 즐거움과 더 나은 미래를 위한 노력 중에서 후자를 택했다. 한창 젊고 예쁠 나이에 자신의 한계에 도전하는 노력을 했고 당장의 즐거움과 재미를 포기했다. '인생에도 대가가 필요하다'라고 말하는 그녀는 '인생에 한 번 뿐인 젊음인데, 그냥 좀 즐기면 안 되나요?'라는 질문에 다음과 같이 대답한다.

"즐기세요! 대신 사회적으로, 금전적으로 빈곤한 것을 받아들이면 됩니다. 노력한 사람들보다 적게 누리고 살면 됩니다. 그것은 또 싫지요? 즐길 것 다 즐기고, 누릴 것 다 누리고! 오천만 명의 인구가 좁은 땅에서 아등바등 살고 있는데 여러분은 태어나면서 금수저 물고 나왔나요? 연금 들고 나왔나요? 80-90세까지 인생을 즐기면서 살려면 적어도 몇 년은 노력이라는 이름으로 내놓아야 한다는 말입니다. 그렇다면 그때가 언제여야겠어요? 10대를 내놓자니 그때는 철이 없고, 20대를 내놓자니 젊음이 아깝고, 30대를 내놓자니 남의 이목이 신경 쓰이고, 참 사연도 많고 변명도 많습니다. 즐기고는 싶은데 노력하고 희생하는 것은 참 싫죠. 긴 인생 중에 2-3년조차도 희생하기 싫고 아까워서 다 즐겨야겠다면 인생의 전체적인 수준과 삶의 질을 좀 낮춰야 공평하지 않을까요?"

"누구든 화려한 30대를 살 수 있다. 하지만 30대의 화려함은 그냥 오지 않는다. 20대 때 치열하게 준비하지 않으면 화려한 30대는 영원히 나의 것이 아니다. 다시는 때려 죽여도 이렇게는 못 산다고 말할 수 있는 20대의 독기, 외로움과 노력들과 치열함으로 버텨 낸 하루들이 모여서 가져다주는 것이 화려함이다."

《20대, 나만의 무대를 세워라》 중에서

"모든 것은 당신의 선택이다. 스펙을 위해 몇 년을 희생하고 준비해서 사회로 나갈 것인가, 아니면 젊음을 즐기고 그 대신 남은 인생에 대해 욕심을 버릴 것인가는 누구에게 투정 부리거나 답을 구할 것이 아니라 스스로 결정할 문제이다."

꿈을 이루고 내가 원하는 미래를 만들어 간다는 것은 시소 놀이와 비슷하다. 아무것도 내려놓지 않고 포기하지 않으면 반대쪽 보다 무거워 결국 한쪽으로 기울게 된다. 아쉽고 아깝지만, 가진 것의 일부를 내려놓으면 양쪽 무게가 균일해져 시소는 평행을 이룬다. 그런 평행의 상태에서 조금 더 포기하고 노력의 대가를 지불하면 시소는 올라가게 된다. 세상에 공짜가 없듯이 인생에도 대가가 필요하다. 포기 없이 무엇을 얻으려는 것 자체가 불가능하며 허황된 꿈이다.

오늘 그리고 지금 이 순간이 가장 완벽한 기회이다

자주 쓰는 제품들은 대부분 완전한 모습으로 우리 앞에 나타난다. 휴대폰, 컴퓨터, 텔레비전 등의 전자 제품 등은 복잡한 회로와 전선이 깔끔하게 덮여 있고, 가구 역시 사용자의 용도와 취향에 맞게 완벽한 형태로 제작되어 나온다. 반대로 완벽하지 않은 상태에서 마주하게 되는 것들도 있다. 기회가 그렇다. 기회는 준비된 상태를 알아서 찾아오지 않는다. 그렇기 때문에 준비 과정에 있거나 무방비 상태로 왔을 때 노력으로 부족한 부분을 보완해 결실을 맺는 것이 중요하다. 그녀는 기회에 대해 다음과 같이 말한다.

"상황이 좋으면 내가 준비가 안 되어 있고 내가 준비가 되어 있으면 기회가 오지 않는다. 그것이 인생이다."

그녀는 무엇이든지 할 수 있을 때, 잽싸게 달려들었고 최선을 다했다. 영국에서 석사과정을 공부할 때였다. 부모님께서 자식들을 공부시키려고 있든 돈 없는 돈 다 끌어 모아 레스토랑을 오픈하셨는데, 3개월 만에 IMF가 터졌다. 경기가 어려워지자 많지 않던 손님마저도 뚝 끊겨 버렸고 은행 대출금에 대한 부담감 때문에 금방이라도 문을 닫게 될 상황이었다. 당시 그녀는 공부에 물이 올랐던 터라 도중에 포기하고 귀국해야 한다는 사실이 무척이나 억울했다. 한국으로 들어온 그녀는 눈물이 날 만큼 화가 났지만, 공부를 마무리 하기 위해서라도 하루빨리 가게와 집을 일으켜야 한다고 생각했다. 그래야 자신이 다시 영국으로 돌아가 공부할 수 있을 것이라고 생각했다. 그녀는 망하기 직전의 레스토랑을 넘겨받아 1년 동안 죽기 살기로 일했다. 스물여섯의 나이에 사장이라는 자리는 너무나 힘들고 벅찼지만, 결코 포기하지 않았다. 어떻게 해서든 다시 일으켜 세우기 위해 방법을 연구했고 시도했다.

먼저 그녀는 시장 상황을 꼼꼼하게 살폈다. 불경기에는 레스토랑보다 젊은이들의 취향에 맞는 호프집이 나을 것 같다는 분석 아래 레스토랑에서 호프집으로 업종을 전환했다. 학교에서 배운 경영학을 접목시켜 멤버십 카드도 만들고 이벤트도 열었다. 단골손님의 이름과 취향을 기억해 서비스를 제공하는 등 손님들의 발길을 잡을 수 있는 전략을 펼쳤다.

그렇게 밤낮으로 열심히 뛴 결과 가게에는 매일 손님들로 붐볐고 불황 속에서도 일대에서 가장 잘나가는 집이 되었다. 가게는 1년 만에 하루 매출 1천만 원으로 수직 상승했고 순이익만 해도 몇 백만 원이 넘었다. 결국, 그녀의 재기로 그동안 부모님이 진 빚을 모두 해결할 수 있었다.

"기회는 내가 원하는 순서대로 오지 않는다. 언제나 내가 아직 준비되지 않은 상태에서 뒤죽박죽으로 오는 것이다. 내가 지금 과연 이 일을 하고 싶은가는 문제되지 않는다. 그건 내게는 배부른 소리이다. 물론 젊음, 자신을 위한 시간이나 휴식도 중요하겠지만, 나는 공부든 일이든 지금 내게 주어진 이 기회들이 다시 오지 않을 시간들이라는 것을 잘 알고 있다. 그래서 지금의 이 기회들과 나의 노력, 그리고 나의 성과들이 행복하다."

"완벽해지려면 먼저 초라한 시작을 해야 한다. 우리는 항상 '아직은 준비가 안 됐으니 나중에 해야지'라는 말로 위안을 삼는다. 그런데 그 나중이란 영원히 오지 않는다. 무엇이든 할 수 있는 그 순간을 잡아라. 그 순간을 흘려보내면 그 기회는 다시 돌아오지 않을 수 있고, 당신은 또다시 다음 기회를 기다리면서 증명되지 않는 존재로 뒤처지게 될 것이다. 완벽하게 준비된 사람에게 완벽한 기회가 오는 것이 아니다. 부족하게라도 일단 치고 나가는 사람에게 기회가 오고 그것들이 좌충우돌하면서 완벽하게 다듬어지는 것이다.

'You don't have to be great to start, but you have to start now to be great.' 무엇인가를 시작하기 위해 지금 위대할 필요는 없지만 앞으로 위대해지려면 지금 '시작'을 해야 한다."

기회는 절대 완벽한 모습으로 만날 수 없다. 우리에게 기회의 모습이 완벽하게 보일 때, 그때는 이미 떠나고 없어 후회하기 마련이다. 떠나 보낸 뒤에 그때가 기회였음을 알고 후회하지 않으려면 바로 오늘, 지금 이 순간에 최선을 다해야 한다.

"준비를 해서, 때가 되어서는 움직일 수 없다. 준비된 자에게는 지금이 바로 그때이다. 준비 없이 일단 몸으로 부딪치며 자신의 길을 열어 가는 사람에게도 지금이 시작할 때다. 고민하고 준비하며 때를 기다리는 사람들은 항상 여기에 남아 나머지들의 자리를 지켜 준다. 무언가를 시작하기에 좋은 때는 바로 지금, 오늘이다."

《20대, 나만의 무대를 세워라》 중에서

시련은 포기하라는 신호가 아니라
발전의 기회이다

병아리의 부화 과정을 보고 있으면 생명의 신비로움이 새삼 느껴진다. 겉보기에는 작고 연약한 생명이지만, 병아리는 세상 밖으로 나오기 위해 자신을 둘러싸고 있는 딱딱한 껍데기를 부리로 쪼아 조금씩 깨고 나온다. 만약, 병아리가 힘들다는 이유로 포기한다면 그 병아리의 운명은 어떻게 될까. 결국, 자신의 한계와 벽으로부터 빠져나오지 못하고 죽음을 맞이하게 될 것이다. 작고 연약한 병아리가 딱딱한 알을 깨고 나오기란 쉽지 않다. 병아리에게는 매우 힘든 과정이다. 그럼에도 이 과정을 거쳐야만 비로소 세상 밖으로 나올 수 있고 밖에 나와서도 힘 있게 살아갈 수 있다. 세상의 자유를 만끽하기 위해서는 힘든 과정을 포기해서는 안 된다.

병아리의 부화 과정을 통해 알 수 있듯이 시련은 포기의 조건이 아니라 발전의 기회이다. 지금 조금 힘들다고 포기한다면 힘든 것을 그만 두는 것이 아니라 발전의 기회를 놓치는 것이나 마찬가지다. 성공으로 가는 발판에서 스스로 내려오는 것과 같다.

대학교 4학년, 생각만 해도 숨이 막혀 오는 자신의 미래가 싫어 무작정 해외 유학을 떠난 그녀가 억대 연봉의 스타 강사가 되기까지, 그녀에게도 숱한 시련들이 있었다. 그럼에도 그녀는 힘들다고 포기하거나 좌절하지 않았다. 자신과 치열하게 싸웠고, 힘들지만 버텨냈다. 초라한 현실에서 예견되는 자신의 미래가 싫었던 그녀는 돌파구를 찾고자 무작정 어학연수를 떠났다. 학원에 등록하고 보니 원어민 선생님을 제외한 나머지는 대부분 한국인이나 아시아인들이었다. 영어를 배우러 호주까지 갔는데, 그녀가 도착한 곳은 세계 속의 또 다른 아시아였다.

'내가 여기서 도대체 무슨 영어를 배울 수 있을까?'

그녀는 어학원만 다녀서는 영어 실력이 빨리 늘 수 없다고 판단하고 다른 방법을 찾기 시작했다. 마침내, 어학원의 등록금을 재단 내 다른 대학이나, 전문대학 등록금으로 전환시킬 수 있는 방법을 찾아냈다. 그러기 위해서는 국제영어능력평가 시험에서 일정 점수 이상을 받아야 했다. 영어로 요일을 말하는 것도 헷갈려 하는 그녀에게는 너무나도 어려운 시험이었다. 그렇지만 그녀는 포기할 수 없었다. 현실을 피해 도망치듯 온 유학인데 그대로 돌아가면 자신의 미래는 달라질 것이 없었기 때문이다.

그녀는 도서관에 가서 시험 관련 역대 도서는 모두 다 빌렸다. 그동안 출제된 기출 문제들의 유형을 모두 분석했다. 말하기 시험은 외국인 친구들의 도움을 받아 준비했다. 그로부터 정확히 3개월 후, 그녀는 높은 성적으로 전문대에 편입하는 데 성공했다. 그녀의 도전은 여기서 끝나지 않았다. 간신히 들어간 대학이었기에 수업을 따라가기란 늘 벅찼고 매일 밤을 새워도 뒤처지기만 했다. 한국에서도 열등생이었는데 다시 시작하기 위해 온 호주에서도 열등생이 되는 것 같아 그녀는 불안하고 초조했다. 아무런 노력도 해보지 않고 포기할 수 없다고 생각한 그녀는 특단의 조치를 내렸다. 영화 한 편을 하루 8시간씩 보고 하루 2-3시간씩 토막잠을 자며 영어에 죽도록 매달렸다.

영국에서 석사과정 유학 중, IMF로 가족의 생계가 어려워졌을 때도 한국에 들어와 부모님을 대신해 망하기 일보직전의 레스토랑을 1년 만에 유명한 호프집으로 만든 그녀였다.

만약, 그녀가 시련 앞에서 자신의 한계를 인정하고 포기했다면 어떻게 되었을까. 영어 실력은 떠나기 전과 별반 다르지 않았을 것이며 지금의 스타 강사 자리는 꿈도 꾸지 못했을 것이다. 힘든 상황이라고 포기해 버리면 삶에 아무런 기대도, 가능성도 없을 것이라는 간절함과 절박함이 그녀를 노력하게 했다. 죽도록 치열하게 공부하고 방법이 없으면 찾거나 자기 방식대로 만들고 될 때까지 노력하는 독기가 지금 그녀의 자리를 만들었다.

지금 눈앞에 놓인 현실의 벽이 자신의 힘으로는 도저히 넘지 못하는 것일 수도 있다. 그럼에도 힘든 시간을 포기하지 않고 조금만 더 노력한다면 그동안의 노력들이 도움닫기가 되어 가뿐하게 넘을 수 있다. 어떤 장애물을 만나도 포기하지 않고 노력으로 발판을 만든다면 반드시 극복하고 한 단계 성장하는 날이 올 것이다.

> "지금 힘든 것은 앞으로 나아가고 있기 때문이고, 도망치고 싶은 것은 지금 현실과 싸우고 있기 때문이고, 불행한 것은 행복해지기 위해 노력하기 때문이다. 그러니 계속 묵묵히 그 길을 걸어가야 한다. 지금 우리가 힘든 것은 우리가 부족해서가 아니라 조금씩이라도 나아가기 때문이다."

그녀의 '독기'가 멋진 이유

"그전에는 독기의 힘이 그렇게 센 줄 몰랐는데……, 정말 엄청난 것 같아요. 저도 그날 칠판 앞에 나가 문제를 풀기 전에는 수학을 못 해도 별로 자존심 상하거나 마음이 괴롭지 않았는데 이상하게 앞에 나갔는데 저만 풀지 못해 혼나니까 자존심도 상하고 괜한 오기도 들더라고요. 저도 독기를 품었기 때문에 지금의 이런 놀라운 결과를 얻을 수 있었던 것 같아요. 그러고 보니 제 수학 실력의 비법은 독기였네요?"

"맞아. 독기는 자신의 한계를 뛰어넘게 하는 힘을 가졌어. 앞으로 은수 앞에 어려운 상황이나 문제가 닥쳤을 때, 지금의 일을 떠올렸으면 좋겠어. 독기의 힘을 체험한 은수니까 무슨 일을 해도 다 잘 해낼 수 있을 거야."

은수는 품에 안은 수학 문제집을 보고 환하게 웃더니 더욱 힘껏 안았다. 독한 마음을 먹고 제대로 부딪히면 해내지 못할 일이 없음을 느낀 듯했다.

불광불급不狂不及이라는 말이 있다. '미치지 않으면 미치지 못한다'라는 뜻으로 광적으로 덤벼들어야 무엇이든 이룰 수 있음을 의미한다.

어설프고 얕은 노력이 아닌 정말 간절히 원하고 독하고 깊게 노력해야만 원하는 것을 이룰 수 있다.

"지금 그 시절을 돌이켜 보면, 나에게 그 시절은 너무 좋았고, 행복했고, 원 없고, 후회 없고, 자랑스럽고, 하지만 다시 돌아가고 싶지는 않다. 다시 하라고 하면 그냥 포기할 것이다. 내 인생에 '다시 하면 더 잘 할 수 있다'라는 것은 없다.

'다시 하면 더 잘할 수 있을 텐데'라고 말하는 사람들이 있는데, 그것만큼 초라한 것이 없다고 생각한다. 인생이 미련으로 얼룩져 있는 것이다. 자기가 피우지 못한, 미래에 만났어야 하는데 그러지 못한 가능성들이 남아 내 안에 죽어 있는 것이다. 그 시체들과 살고 있는 것이다. 그 시체들이 내 안에서 썩고 있는 것이다.

나는 내 인생에서 굉장히 자유롭다고 생각한다. 왜냐하

면 나는 내 인생에서 다시 한다면 더 잘 할 수 있는 것이 없기 때문이다."

– 인터뷰 중에서

　남들보다 뛰어나거나 특별한 것이 없던 그녀였지만, 그녀는 자신의 인생에 패자부활전을 만들어 삶을 변화시키기 위해 누구보다 치열하게 살았다. '다시 돌아가도 이보다 더 열심히 살 수 없을 것'이라고 자신 있게 말하는 그녀의 독기가 정말이지 뜨거운 열정처럼 느껴진다.

꿈을 이룬 그녀들의 10가지 키워드
스무살 여자라면, 그녀들처럼

초판 1쇄 인쇄 2014년 11월 21일
초판 1쇄 발행 2014년 11월 28일

지은이 권나영

펴낸이 박세현
펴낸곳 팬덤북스

기획위원 김정대·김종선·김옥림
편집 김종훈·이선희
디자인 강진영
영업 전창열

주소 (우)121-250 서울시 마포구 성산동 275-60번지 교홍빌딩 305호
전화 070-8821-4312 | **팩스** 02-6008-4318
이메일 fandombooks@naver.com
블로그 http://blog.naver.com/fandombooks

등록번호 제25100-2010-154호

ISBN 978-89-94792-01-9 13320